1103

Das Buch

Haben Sie schon mal im Sommer auf einer Wiese gelegen, ein bisschen geträumt, die Wolken bewundert und den Himmel betrachtet – und sich plötzlich gefragt, warum er eigentlich blau ist? Jeden Tag gibt es etwas zu entdecken, wenn man nur genau hinschaut: Denn oft verbergen sich spannende Geschichten und verblüffende Zusammenhänge hinter den kleinen Dingen des Alltags.

Am Anfang steht immer eine einfache Frage: Warum ist das so? Ausgehend von Beobachtungen und Erfahrungen, die jeder machen kann, nimmt uns Ranga Yogeshwar mit in die aufregende Welt des Wissens. Seine Streifzüge führen von der Gehaltsverhandlung in die Mathematik, vom Sonntagmorgen-Croissant in die Geschichte oder vom Sommerhimmel in die Physik. Manchmal nehmen sie kleine Umwege, denn je länger man liest, desto mehr Querverbindungen werden deutlich. Und häufig führen sie uns wieder zurück in den Alltag, denn viele Erklärungen sind nicht nur aufschlussreich, sondern auch nützlich: Oder wissen Sie, zu welcher Uhrzeit man am besten zum Zahnarzt geht? »Sonst noch Fragen?« zeigt, wie viel Spaß Wissen machen kann. Das Buch lädt dazu ein, mit offenen Augen durch die Welt zu gehen, neugierig zu bleiben, Altbekanntes zu hinterfragen und offen für Veränderungen zu sein; denn es beweist, dass das Leben umso interessanter wird, je besser man es versteht.

Der Autor

Ranga Yogeshwar, geboren 1959, ist Diplom-Physiker und arbeitete von 1987 bis 2008 zunächst als Wissenschaftsredakteur, später als Leiter der Programmgruppe Wissenschaft beim Westdeutschen Rundfunk Köln. Seitdem ist er freiberuflich tätig. Er entwickelte zahlreiche Sendungen, in denen Wissenschaft populär vermittelt wird, und moderierte u. a. »Quarks&Co«, »Die große Show der Naturwunder« und »Wissen vor 8«. Für seine Arbeit erhielt er zahlreiche Preise, darunter den Georg-von-Holtzbrinck-Preis für Journalistik (1998), den Helmut-Schmidt-Journalistenpreis (1998), den Grimme-Preis und den Preis als Journalist des Jahres in der Kategorie Wissenschaft. Er lebt mit seiner Frau, seinen vier Kindern, drei Katzen und einem Hund in der Nähe von Köln auf dem Land.

Ranga Yogeshwar
Sonst noch Fragen?

Warum Frauen kalte Füße haben
und andere Rätsel des Alltags

Mit Illustrationen des Autors

Kiepenheuer & Witsch

Verlag Kiepenheuer & Witsch, FSC®-N001512

25. Auflage 2010

© 2009 by Verlag Kiepenheuer & Witsch, Köln
Alle Rechte vorbehalten. Kein Teil des Werkes darf in irgendeiner Form
(durch Fotografie, Mikrofilm oder ein anderes Verfahren)
ohne schriftliche Genehmigung des Verlages reproduziert oder
unter Verwendung elektronischer Systeme verarbeitet, vervielfältigt
oder verbreitet werden.
Umschlaggestaltung: Barbara Thoben, Köln
Umschlagmotiv: © Version
© für die aus der Sendung »Wissen vor 8« übernommenen Buchinhalte:
Das Erste / WDR Köln 2008
Agentur: WDR mediagroup licencing GmbH
Gesetzt aus der Minion und Syntax
Satz: Felder KölnBerlin
Druck und Bindung: CPI – Clausen & Bosse, Leck
ISBN 978-3-462-04108-8

Inhalt

Vorwort	15

Warum haben Frauen kalte Füße?
Mit Sinn & Verstand: Wie unser Körper funktioniert

1	Warum werden die Finger runzelig, wenn man lange badet?	22
2	Was sind Blutgruppen?	24
3	Werden in Vollmondnächten mehr Kinder geboren?	27
4	Warum sehe ich unter Wasser unscharf?	30
5	Mögen Stechmücken Käsefüße?	32
6	Wie entsteht Muskelkater?	35
7	Warum klingt eine Stimme hoch, eine andere tief?	37
8	Warum setzt der Verstand bei Sonderangeboten aus?	39
9	Was bedeutet »Blutdruck 120:80«?	41
10	Warum vertragen manche Menschen keine Milch?	44
11	Was ist »gefühlte Temperatur«?	47
12	Warum kribbelt es manchmal in Händen und Füßen?	50
13	Warum bekommt man Gänsehaut?	52
14	Was passiert beim Niesen?	54
15	Ist Gähnen ansteckend?	56
16	Warum haben Frauen kalte Füße?	58
17	Wie sehen wir räumlich?	60

Warum funkeln Sterne?
Unendliche Weiten: Weltraum, Wind und Wetter

18	Warum ist der Himmel blau?	66
19	Woher hat der Regenbogen seine Farben?	69
20	Wie entstehen Wolken?	71

21	Wie entsteht Nebel?	73
22	Warum funkeln Sterne?	75
23	Was ist die Milchstraße?	78
24	Warum wird es leise, wenn es schneit?	82
25	Warum hat der Mond so viele Krater – die Erde aber nicht?	84
26	Sehen wir alle denselben Mond?	86
27	Warum dreht sich unsere Erde?	88
28	Wie kommt es zu Ebbe und Flut?	91
29	Können 50.000 springende Menschen ein Erdbeben auslösen?	95
30	Was ist eine Sternschnuppe?	97
31	Wann beginnt der Frühling?	99
32	Warum ist eine Sonnenfinsternis so selten im Vergleich zu einer Mondfinsternis?	102
33	Warum zieht es oft in der Nähe von Hochhäusern?	105
34	Kann man im Moor untergehen?	107
35	Wie entsteht Schwerelosigkeit?	111

Kann ein Aufzug abstürzen?
Technik für Anfänger

36	Hilft es, am Automaten die Münze zu reiben?	116
37	Kann ein Aufzug abstürzen?	118
38	Macht es einen Unterschied, ob ich gegen einen Baum oder gegen ein entgegenkommendes Fahrzeug pralle?	120
39	Warum gibt es Hochspannungsleitungen?	122
40	Der Schuss in die Luft – wie schnell ist die Kugel beim Fall?	124
41	Wird der Traum vom Beamen irgendwann Wirklichkeit?	126

Warum haben Elefanten so große Ohren?
Das geheime Leben der Tiere

42	Was steckt hinter dem Vogel-V?	130

43 Warum fliegen Motten zum Licht?	132
44 Warum haben Elefanten so große Ohren?	134
45 Warum leuchten Katzenaugen?	136
46 Warum sind Fliegen so schwer zu erwischen?	138
47 Warum sind manche Eier braun und andere weiß?	140
48 Warum fallen schlafende Vögel nicht vom Ast?	143
49 Warum frieren Enten auf dem Eis nicht fest?	145

Warum fällt der Toast immer auf die Marmeladenseite?
Nebenbei bemerkt: Unterwegs im Alltag

50 Warum ist das Taschentuch quadratisch?	148
51 Wer hat das Schmiergeld erfunden?	150
52 Was mache ich, wenn der Blitz einschlägt?	152
53 Woher kommt die Schultüte?	156
54 Woher stammt der Begriff 08/15?	158
55 Wie funktionieren Sonnencremes?	160
56 Warum ist die Deutschlandfahne schwarz-rot-gold?	163
57 Woher stammt der rote Teppich?	166
58 Was bedeutet DIN-A4?	168
59 Warum hat man manchmal auf Fotos rote Augen?	170
60 Bewerbungsgespräch oder Warum sind Kanaldeckel rund?	172
61 Warum dreht sich der Uhrzeiger immer rechts herum?	175
62 Warum fällt der Toast immer auf die Marmeladenseite?	178

Gab es Literatur als olympische Disziplin?
Höher, schneller, weiter: Sportliche Herausforderungen

63 Wieso ist ein Marathon genau 42,195 Kilometer lang?	182
64 Warum hat ein Golfball Dellen?	184
65 Wie begann das Doping?	187
66 Gab es Literatur als olympische Disziplin?	189
67 Was bedeutet Love:15?	192

Warum wird einem übel, wenn man als Beifahrer liest?
Zu Lande, zu Wasser und in der Luft: Auto & Verkehr

68 Was ist Normal? Und was Diesel? 196

69 Warum wird einem übel, wenn man als Beifahrer liest? 198

70 Woher stammt der Begriff »Blog«? 201

71 Wie viel CO_2 produziert ein Auto? 205

72 Was passiert beim Aquaplaning? 208

73 Wie funktioniert ein Airbag? 211

74 Wie kommt die Straße ins Navigationsgerät? 214

75 Kann die Tragfläche eines Passagierflugzeugs brechen? 217

76 Wo ist die Zeit geblieben? 219

Wie kommen die Perlen in den Champagner?
Guten Appetit: Interessantes aus Küche, Keller und Speisekammer

77 Wie kann Müsli Leben retten? 224

78 Woher stammt das Croissant? 227

79 Warum »donnert« es im Cappuccino? 229

80 Was ist das Geheimnis von Speiseeis? 231

81 Wo reifen die Bananen? 234

82 Wie konservieren Zucker und Salz? 236

83 Warum brennt Schokolade? 238

84 Was ist der Unterschied zwischen H-Milch und pasteurisierter Milch? 240

85 Wie errechnet sich das Mindesthaltbarkeitsdatum? 242

86 Wie kommen die Perlen in den Champagner? 244

87 Mineralwasser oder Trinkwasser aus der Leitung – worin liegt der Unterschied? 246

88 Warum flockt die Milch im Kaffee aus? 248

Was ist das Geheimnis der tanzenden Wassertropfen?
**Home, sweet home: Was Sie über Ihren Haushalt
wissen sollten**

89	Warum wird der Keller im Sommer feucht?	252
90	Klobrille gegen Spültuch – Wo ist es im Haushalt am schmutzigsten?	254
91	Warum trocknet Plastikgeschirr nicht in der Spülmaschine?	256
92	Warum wird es sauberer mit Seife?	258
93	Was ist das Geheimnis der tanzenden Wassertropfen?	261
94	Warum wölbt sich der Duschvorhang beim Duschen immer nach innen?	263
95	Wie dreht der Strudel in der Badewanne?	266
96	Was tut man gegen Kopfläuse?	269
97	Warum landen die Strümpfe beim Waschen im Bettbezug?	272
98	Wie groß muss ein Spiegel mindestens sein, damit man sich ganz darin sehen kann?	274

Warum sollte man im Lotto nie 1, 2, 3, 4, 5, 6 tippen?
Zahlen, bitte!

99	Woher kommt die Null?	278
100	Was macht die 13 so besonders?	280
101	Was heißt digital?	282
102	Warum wird es beim Ratenkauf teuer?	286
103	Warum rechnet man in der Seefahrt in Seemeilen?	288
104	Warum sollte man im Lotto nie 1, 2, 3, 4, 5, 6 tippen?	290
105	Wie zuverlässig ist der »Publikumsjoker«?	292
106	Wo liegt Deutschlands Mitte?	295
107	Können Sie rechnen?	298
108	Warum hat dieses Buch 108 Kapitel?	301

Anmerkungen	307

Meinem Vater, der mir die Lust am Fragen schenkte

Vorwort

>»I was like a boy playing on the sea-shore, and diverting
myself now and then finding a smoother pebble or
a prettier shell than ordinary, whilst the great ocean
of truth lay all undiscovered before me.«

Isaac Newton

Unsere Welt ist voller Wunder. Magnolienbäume wissen genau, wann sie ihre Blüten ins Frühjahr entlassen, und Stubenfliegen reinigen ihre durchsichtigen Flügel mit ihren Hinterbeinen. Katzen träumen tagsüber mit zuckenden Pfoten, doch niemand weiß, wovon. Winzige Einzeller fächern eifrig in ihrer stillen Mikrowelt und schweben wie Raumschiffe durch den Ozean eines Wassertropfens.

In der Geschäftigkeit unseres Alltags vergessen wir allzu leicht, in welch wunderbarer Welt wir leben, einer Welt voller großer und kleiner Rätsel und Geheimnisse.

Warum wandern die Tautropfen einer sonnigen Herbstwiese immer ans obere Ende des Grashalms? Warum kleben Spinnen nicht an ihrem Netz fest, so wie die Fliegen? Wo man auch hinschaut, überall verstecken sich Fragen, doch viele davon versprechen keine praktische Antwort. Kein Gewinn für den Alltag, keine Geschäftsidee, kein effektiver Nutzen!

Doch gerade diese scheinbar unpraktischen Fragen haben mich seit jeher fasziniert. Schon als Kind konnte ich stundenlang einem Regenwurm beim Essen zuschauen und vergaß dabei schon mal die Hausaufgaben. Es war ein Hochgenuss zu beobachten, wie Wolken in den Himmel wuchsen und dabei ihre Form veränderten. Manche erzählten Geschichten, und ihre Gesichter alterten, bis sie sich im Blau auflösten. Wenn ich meinen Kopf nur tief genug in eine Sommerwiese steckte, eröffnete sich mir ein weiteres Universum winziger Insekten, die sich ihren Weg durch eine Stadt aus Gräsern und Erdwurzeln bahnten. Alle waren ständig in Bewegung, doch woher wussten sie, wohin sie laufen sollten?

Immer wieder begegneten mir Fragen, die nutzlos erscheinen in einer Welt, die dem Wissen um die verschiedenen Gewindedurchmesser von Wasserleitungen oder der Einteilung in Steuerklassen mehr Bedeutung zuspricht als dem Phänomen tanzender Wassertropfen auf einer heißen Herdplatte.

Später begriff ich, dass es wohl keine Aufteilung in »wichtige« und »unwichtige« Fragen gibt, denn jede einzelne Frage ist es wert, ernst genommen zu werden. Meine Lexika und Schulbücher strahlten hingegen eine überhebliche Sicherheit aus, denn sie erzählten nie von den vielen Zweifeln und Fehlversuchen, von den Unsicherheiten und Irrwegen, von falschen Hypothesen und Theorien, von den zahllosen historischen Umwegen, die den Pfad der Erkenntnis säumten. Die Formeln, Gesetze und Phänomene wurden uns in diesen Büchern als unumstößliche Wahrheiten vermittelt, als absolute Fakten, die es niemals zu hinterfragen galt. Der Satz des Pythagoras glich einem Glaubensbekenntnis und Generationen von Schülern unterwarfen sich voller Ehrfurcht einer schulischen Inquisition, die nur zwischen »richtig« und »falsch« unterschied. Für mathematische Rechnungen gab es nur einen einzigen Weg, wählte man einen anderen und erreichte womöglich schneller das Ziel, drohte die Exkommunizierung. Wir lernen nicht, wir büffeln, und selbst nach 20 Jahren Schulbank können die meisten von uns noch nicht einmal einfachste Fragen beantworten: »Wie groß muss ein Spiegel sein, damit man sich ganz darin sieht?« (Ich verrate es Ihnen in diesem Buch!)

Erkenntnis ist nie ein endgültiges Ergebnis, sondern allenfalls eine Zwischenbilanz auf einem langen und überraschenden Weg des Hinterfragens.

Fortschritt ist das Resultat von sehr viel »Spinnerei« und lebt von neugierigen Menschen, die sich trauen, eigene Wege zu gehen. Wahrscheinlich haben viele Mitmenschen Luigi Galvani seinerzeit für verrückt erklärt. Im 18. Jahrhundert studierte er die genaue Ursache zuckender Froschschenkel! Er hatte beobachtet, dass sie beim Berühren des Skalpells reagierten – obwohl die Frösche tot waren! Das Phänomen trat jedoch nur auf, wenn Kupfer und Eisen des Skalpells miteinander in Kontakt standen. Während andere Zeitgenossen sich den »wichtigen« Dingen des täglichen Lebens widmeten, experimentierte der italienische Biologe mit verschiedenen Metallen, Drähten, Skalpellen und Fröschen und bahnte sich einen Weg in den noch unbekannten Kontinent der Elektrizität. Heute wird er als ein Wegbereiter des Fortschritts gefeiert.

Der indische Physiker Sir C. V. Raman fuhr im Sommer 1921 per Schiff nach Europa. Wahrscheinlich hatte er viel Zeit und genoss die intensive Farbe des Ozeans, doch im Gegensatz zu den anderen Passagieren ließ ihm das tiefe Blau des Mittelmeers keine Ruhe. Als er in seine Heimatstadt Kalkutta zurückkehrte, studierte er das Phänomen und stieß eine weitere Tür der Erkenntnis auf im Verhalten von Lichtwellen. 1930 erhielt er den Nobelpreis für seine Arbeit an der Molekularen Streuung des Lichts.[1] Die *Raman-Streuung* bildet heute die Grundlage vieler moderner Diagnoseverfahren.

Zuckende Froschschenkel, die besondere Farbe des Meeres ... Auf scheinbar »unwichtige« Fragen gibt es manchmal überraschend »wichtige« Antworten, auch wenn es nicht immer die sind, die man suchte, doch das ahnt man zuvor nicht. Wie oft haben abstruse Fragestellungen, Fehlversuche und Zweifel am zementierten Wissen zu spektakulären Fortschritten geführt, wie oft haben Außenseiter unsere Welt verändert! Sie haben ehrlich gefragt und mit derselben Ehrlichkeit nach einer Antwort gesucht und sich dabei nicht vom Offensichtlichen täuschen lassen. Jeder ihrer Wege war geprägt von Unsicherheit und Einsamkeit, doch auch von dem wunderbaren Gefühl, sich der Natur und ihren Geheimnissen zu nähern.

Neugier beginnt mit einer Frage und kennt kein Ende. Die wahre Schönheit unserer Welt offenbart sich demjenigen, der bereit ist, den Weg selbst zu gehen, um selbst zu entdecken und zu staunen. Der Lohn sind dabei nicht Nobelpreise oder technische Geräte, sondern die Erkenntnis an sich. Es ist gar nicht so wichtig, ob man der Erste ist, der ein Phänomen entschlüsselt; entscheidend ist die Hingabe und die Erfüllung, die man dabei empfindet. Jeder von uns entdeckt diese Welt zum ersten Mal! Es gibt den ersten Sternenhimmel, das erste Gewitter, das erste Ballett der Fruchtfliegen und das erste Mal, wo einem die Haut auf der warmen Milch auffällt. Und jedes Phänomen beschenkt uns mit derselben Faszination: Der Glanz des Regenbogens hat sich in Jahrtausenden nicht abgenutzt und der aufgehende Mond verzaubert die Nacht so, als hätte es ihn nie zuvor gegeben. Wenn wir unsere Augen öffnen, werden wir in jeder Sekunde mit einer Einzigartigkeit beschenkt.

Dieses Buch ist bestenfalls ein kleiner Wegweiser in unsere aufregende und überraschende Welt. Wenn Sie links oder rechts davon etwas Spannendes aufspüren, dann verlassen Sie den Pfad und entdecken Sie selbst!

Danke

Dieses Buch war für mich eine besondere Herausforderung. Die einzelnen Kapitel sollten kurz und dennoch verständlich sein. Viele Themenbereiche sind jedoch so reichhaltig, dass die Versuchung für mich groß war, doch noch mehr ins Detail zu gehen, um der Schönheit des jeweiligen Sujets gerecht zu werden. Wo setzt man die Prioritäten, was lässt man bewusst weg, welche Metaphern und Modelle nutzt man zur Erklärung? Ich habe viel gelernt, denn im Rahmen der Fernsehsendungen »Quarks&Co«, der »Show der Naturwunder« und natürlich dem Kurzformat »Wissen vor 8« stand und stehe ich vor demselben Problem. Ich darf mich glücklich schätzen, dass aufmerksame Redakteure und Kollegen, aber auch engagierte Zuschauer mir immer wieder mit guten Ratschlägen und kritischen Einwänden bei der Kunst des »Verdichtens« geholfen haben. Ihnen möchte ich danken, für die intensive Zusammenarbeit und ihre vielen konstruktiven Vorschläge und Einfälle.

Vielen Dank daher an meine WDR-Kollegen von »Quarks &Co«, der WDR-mediagroup, dem SWR, an die Mitarbeiter von First Entertainement und Colonia Media. Besonderer Dank gebührt meiner Regisseurin Birgit Quastenberg, die meine Gedanken in einzigartiger Weise versteht und bereichert, sowie Marcus Anhäuser, der mich bei der Recherche einiger Themen unterstützte, und Tilmann Leopold, der mir in allen vertraglichen Fragen ein kompetenter und freundschaftlicher Ratgeber war.

Frank Schätzing half mir bei der Entscheidungsfindung für diesen herausragenden Verlag. Helge Malchow ermutigte mich in seiner herzlichen und offenen Art zu diesem Projekt. Auf einfühlsame Weise hat Martin Breitfeld vom Lektorat mich bei der Entstehung des Buches begleitet. Seine Anmerkungen und seine Unterstützung bei der Gesamtstruktur waren eine wertvolle Hilfe. Danke!

Viele Autoren fühlen sich einsam, doch ich habe das Glück einer großen und wunderbaren Familie. Von meinen Kindern lerne ich immer wieder, unsere Welt mit offenen und neugierigen Augen zu betrachten und auf unscheinbare und doch wichtige Details zu achten.

Beim Schreiben hat mich meine Frau Uschi auf intensive Weise unterstützt. Ihre Einwände waren von bestechender Klarheit und in unschlüssigen Momenten zeigten mir ihre Anregungen einen beschwingenden Ausweg.

Meiner Katze danke ich für die Momente der Ablenkung, in denen sie sich zwischen Tastatur und Bildschirm setzte, um meinen Blick auf andere Dinge zu lenken ...

Hennef 2009

Warum haben Frauen kalte Füße?

Mit Sinn & Verstand:
Wie unser Körper funktioniert

Warum werden die **Finger runzelig**, wenn man lange badet?

1 »Papa, meine Finger haben ganz viele Wellen, ist das eine Krankheit?«, fragte unsere Tochter besorgt nach dem Baden. »Geht das wieder weg?«

Sicher, Sie lächeln jetzt, natürlich geht das wieder weg. Aber haben Sie schon einmal darüber nachgedacht, warum nur Hände und Füße vom »Schrumpeln« betroffen sind und nicht etwa der Bauch? Was ist da anders? Unsere Haut ist eine perfekte Verpackung, die sich ständig erneuert. Etwa alle 27 Tage werden wir äußerlich runderneuert. Die äußere Schicht, die sogenannte Oberhaut, ist eine Art Schutzschild. Außen befinden sich mehrere Lagen abgestorbener Zellen, die verhornt und miteinander verklebt sind, ein wirksamer Schutz gegen mechanische und chemische Reize. Von unten wachsen ständig neue Zellen nach. Die Oberhaut ist normalerweise nur etwa 0,1 Millimeter dick, doch an stark beanspruchten Körperstellen, an Händen und Füßen, ist sie bis zu 5 Millimeter dick und nennt sich Hornhaut.

Im Vergleich zu den anderen Hautzellen besitzen die Hornzellen eine höhere Salzkonzentration, und diese Salze sind ausschlaggebend für das Schrumpeln der Haut. Sie ziehen Wasser in die Hornschicht hinein, wodurch die einzelnen Zellen aufquellen. Die Zellen brauchen mehr Platz und die Haut wellt auf. Da Hände und Füße mehr Hornhaut besitzen, werden vor allem diese schrumpelig. Außerdem sorgen Talgdrüsen, die es an Händen und Füßen nicht gibt, für einen fetthaltigen Schutzfilm der restlichen Hautpartien. Erst wenn wir längere Zeit im Wasser liegen, wird dieser Schutzmantel aus Fett durchlässig und das Wasser kann eindringen.

Die Ursache für das Schrumpeln der Haut ist also der Konzentrationsausgleich zwischen dem salzarmen Leitungswasser und den salzhaltigen, aber wasserarmen Hornzellen. Man nennt diesen Konzentrationsausgleich auch Osmose. (Das Phänomen begegnet Ihnen auch im Kapitel *Wie konservieren Zucker und Salz?*). Sie können einen einfachen Test machen: Nehmen Sie zwei Schalen, füllen Sie die eine mit normalem Leitungswasser, die andere mit Salzwasser. Und jetzt tauchen Sie etwa 20 Minuten Ihre Hände ein. Das salzarme Leitungswasser dringt in die Hornzellen, lässt sie aufquellen und die Hand wird runzelig. Im Salzwasser hingegen gibt es ein Gleichgewicht der Konzentrationen. Hier kommt es also nicht zur Osmose und die Haut bleibt glatt. Beim Baden im salzigen Meerwasser ist der Runzeleffekt aufgrund des Gleichgewichts des Salzgehaltes also geringer. Sie können stundenlang im Salzwasser des Toten Meers baden, ohne dass die Haut zu schrumpeln beginnt.

Nach dem normalen Baden trocknet die Hornhaut mit der Zeit wieder, das Wasser entweicht, die Haut zieht sich zusammen und die Runzeln verschwinden wieder. Diese Erklärung hat auch meine Tochter beruhigt. Meine Frau wunderte sich allerdings nach dem nächsten Planschvergnügen über den Salzstreuer im Badezimmer.

Was sind
Blutgruppen?

2 Die Vielfalt der Natur ist überwältigend. Kein Lebewesen gleicht dem anderen. Jeder von uns ist einzigartig, besitzt unterschiedliche Hände, eine charakteristische Nase, eine ganz besondere Augenfarbe, und auch das Blut unterscheidet uns. Obwohl unsere roten Blutkörperchen vom Grundaufbau her gleich sind, findet man entscheidende Unterschiede von Mensch zu Mensch: An der Oberfläche der Blutkörperchen gibt es eine charakteristische Vielfalt von Kohlenhydrat- und Eiweißstrukturen. Ihre Kombination macht den Unterschied aus. Blutgruppen sind ein Beispiel dafür, wie die Natur durch eine einfache Kombination von Grundbausteinen Vielfalt erzeugt. Man kann sich die Molekülstrukturen vereinfacht als runde, dreieckige und rechteckige Merkmale vorstellen.

Findet man an der Oberfläche die »runden Moleküle«, heißt die Gruppe A; sind die »dreieckigen« da, nennt man die Blutgruppe B; sind beide Varianten vorhanden, ergibt sich die Kombination AB. Manchmal taucht noch eine zusätzliche Kombinationsmöglichkeit auf, der *Rhesusfaktor*. Ist der Rhesusfaktor vorhanden, spricht man von Rhesus+, ist er nicht vorhanden, spricht man von Rhesus−. Wenn Ihr Blut also alle drei Bestandteile aufweist, zählen Sie zur Blutgruppe AB Rh+ oder AB+. Ist keines der Merkmale vorhanden, dann sind Sie weder A noch B, also 0, und auch der Rhesusfaktor ist nicht vorhanden, also 0−. Natürlich sind noch viele andere

Kombinationen möglich: 0+, A–, A+, B–, B+ und AB. Aus nur 3 Grundmerkmalen ergeben sich also insgesamt 8 verschiedene Blutgruppen.

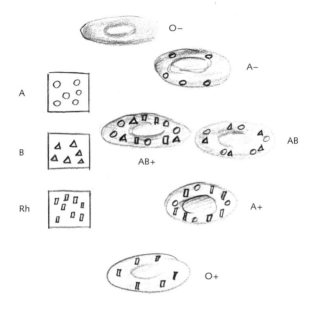

All das ist wichtig, wenn Sie Fremdblut erhalten, denn Ihr Blut ist eigensinnig und akzeptiert nur Bekanntes, das Fremde wird abgestoßen. Wenn Sie zum Beispiel die Blutgruppe A+ besitzen, dann klappt es mit Spenderblut A–, denn Ihr Körper kennt A; der nicht vorhandene Rhesusfaktor kann nicht als fremd wahrgenommen werden. Umgekehrt allerdings würde eine Spende von A+ zu A– nicht funktionieren, da der Rhesusfaktor für A– unbekannt ist und als fremd abgelehnt wird.

Ebenso ist eine Spende von Blutgruppe A zu B oder umgekehrt nicht möglich, denn Ihr eigenes Blut weist diese Molekülkombination nicht auf, und somit wird eine Transfusion gefährlich. Ihr Blut akzeptiert also nur, was es kennt.

So ist es einleuchtend, dass 0− das ideale Spenderblut ist, denn es ist quasi »neutral«. Menschen mit 0− sind sogenannte Universalspender. Das ist gut für die anderen, doch Universalspender können nur eine einzige Blutgruppe empfangen, nämlich 0−. Besitzen Sie hingegen AB+, dann haben Sie Glück, denn Ihr Blut enthält alle drei Bestandteile: Sie können jede Blutkonserve empfangen, allerdings werden Sie als Spender nicht sonderlich gefragt sein, da Sie nur an AB+ spenden können.[2]

	Spender							
Empfänger	O−	O+	A−	A+	B−	B+	AB−	AB+
O−	✓							
O+	✓	✓						
A−	✓		✓					
A+	✓	✓	✓	✓				
B−	✓				✓			
B+	✓	✓			✓	✓		
AB−	✓		✓		✓		✓	
AB+	✓	✓	✓	✓	✓	✓	✓	✓

Je nach Region kann man sogar eine bevorzugte Häufigkeit von Blutgruppen beobachten: In Europa zum Beispiel zählt A zur häufigsten Blutgruppe, in Peru hingegen besitzt die Mehrzahl aller Menschen die Blutgruppe 0−. Diese Unterschiede haben sich im Laufe der Evolution herauskristallisiert. Blutgruppen gewähren uns auf diese Weise sogar einen Einblick in die Völkerwanderungen der Vergangenheit!

Werden in Vollmondnächten
mehr Kinder geboren?

3 Meine Frau hatte es mir verschwiegen, doch meine Tochter kann keine Geheimnisse für sich behalten: »Wir waren bei der Zauberfrau …« Bei Vollmond hatte sie ein rohes Stück Fleisch auf die kleine Warze meines Töchterchens gelegt. »Sie ist weg!«

In solchen Momenten fühle ich mich im Zugzwang, denn offen gesagt glaube ich nicht an diesen Hokuspokus! Das Verschwinden einer Warze kann viele Gründe haben und daher ist es schwer, die genaue Ursache dingfest zu machen. Es ist unglaublich, welche Macht der Mond ausüben soll: Bei Vollmond, so heißt es zum Beispiel, sollen die Geister besonders aktiv sein, Äpfel, die bei Vollmond geerntet werden, schmecken angeblich besser, und, so heißt es, bei Vollmond werden mehr Kinder geboren. Was Geister, Äpfel und Warzen betrifft – hier kann wohl allein der Glaube Berge versetzen, doch bei der Geburtenhäufigkeit kann man das Phänomen überprüfen: Hier hat die Wissenschaft eine Chance!

Gemeinsam mit Hebammen und Ärzten habe ich in der Neugeborenenstation unseres Krankenhauses einen Kalender aufgehängt. Immer dann, wenn ein Kind geboren wurde, gab es einen bunten Punkt. Blaue Punkte standen für Jungen, rote Punkte für Mädchen. Nach einem Jahr war es Zeit für eine Bilanz: Sollte der Mond tatsächlich einen Einfluss haben, musste man das an einer besonderen Häufung der Punkte erkennen können. Die Vollmondtage waren auf dem Kalender besonders gekennzeichnet. Den Hebammen, den Ärzten und auch mir wurde beim Nachzählen sehr schnell deutlich: Es gibt keine nennenswerten Auffälligkeiten bei Vollmond. Es werden weder mehr Kinder als sonst geboren, noch gibt es mehr Jungen oder mehr Mädchen, die in diesen Nächten zur Welt kommen.

Dies war übrigens nicht der einzige Versuch. Weltweit gibt es immerhin über 100 Untersuchungen zu diesem Thema! Österreichische Forscher der Universität Wien haben zum Beispiel alle gemeldeten Geburten in Österreich zwischen 1970 und 1999 in einer großen Studie zusammengefasst. Sie schauten sich 371 Mondzyklen an. Und auch ihr klares Ergebnis lautet: Es gibt keinen Hinweis auf einen Zusammenhang zwischen den Mondphasen und der Geburtenhäufigkeit.

Wissenschaftlich gesehen gibt es also eine eindeutige Antwort: Bei Vollmond werden *nicht* mehr Kinder geboren.

Dennoch hält sich der Aberglaube. Es ist absurd wie viel in unserer angeblich so aufgeklärten Industriegesellschaft gependelt und gedeutet wird. Trotz aller Technik vertrauen viele Menschen auf die Kräfte von magischen Kristallen, legen Karten oder lassen sich von Wunderheilern behandeln. Gerade dann, wenn ein Phänomen oder eine Krankheit von vielen Ursachen beeinflusst wird, lässt sich kein einfacher Zusammenhang zwischen Ursache und Wirkung herstellen.

Und genau hier entfaltet der Hokuspokus seine Angebote. Nur weil es einem nach dem »Besuch« bei ihr besser geht, beweist das noch lange nicht die heilende Kraft der Zauberfrau. Und doch bringen wir gerne unbewusst Dinge in einen Zusammenhang, die oft absolut nichts miteinander zu tun haben. Wenn es klappt, glauben wir prompt daran. »Siehst du, es hilft doch ...!« Leider lässt sich auch selten der klare Gegenbeweis erbringen, denn auch hier erlaubt die Vielzahl der Einflüsse keine einfache Überprüfbarkeit. Das Beispiel der Geburten bei Vollmond ist daher eine willkommene Ausnahme. Es ist einfach und leicht überprüfbar. Es gibt keinen Zusammenhang! Die Warze meiner Tochter hingegen wurde von der Zauberfrau geheilt ... Eines aber weiß ich genau: Meine Tochter wurde nicht bei Vollmond geboren!

Warum sehe ich unter Wasser unscharf?

4 Wahrscheinlich haben Sie es in der Badewanne oder im Schwimmbad schon ausprobiert: Wenn man ins Wasser abtaucht und die Augen öffnet, dann sieht man alles unscharf. Warum ist das so?

Unser Auge ist ein Linsensystem, das für das Außenmedium Luft optimiert ist. Die Lichtstrahlen werden beim Übergang von der Luft in das Auge gebrochen und das Abbild der Wirklichkeit landet dann genau auf unserer Netzhaut – wir sehen scharf.

Wenn nun Wasser das Auge umspült, verändert sich die Lichtbrechung. Das kann man mit einer Lupe einfach demonstrieren:

In der Luft vergrößert sie die Buchstaben, doch wenn ich die Lupe unter Wasser tauche, verschwindet die Vergrößerungswirkung. Entscheidend für die Lichtbrechung ist nämlich immer der Übergang zwischen zwei Medien: Bei der Lupe ist das der Übergang zwischen Luft und Glas. Dann vergrößert sie. Beim Übergang von Wasser zu Glas nicht.

Bei unseren Augen passiert etwas Ähnliches: Beim normalen Übergang zwischen der Luft und der gekrümmten Hornhaut werden die Lichtstrahlen korrekt gebrochen – wir sehen scharf. Unter Wasser hingegen erfahren die Lichtstrahlen den Übergang von Wasser zur Hornhaut. Doch da der optische Unterschied zwischen Wasser und Hornhaut sehr gering ist, fällt die Lichtbrechung weit schwächer aus. Die Folge: Das scharfe Abbild der Wirklichkeit wird nun nicht mehr *auf* die Netzhaut projiziert, sondern landet *dahinter*. Unter Wasser sind wir daher weitsichtig und sehen unscharf.

Dennoch können auch wir unter Wasser scharf sehen – mit der Taucherbrille. Dann ist nicht mehr Wasser, sondern Luft vor unseren Augen und die Lichtbrechung stimmt wieder.

Fische sehen auch unter Wasser scharf – und bei ihnen funktioniert das ohne Tauchermaske. Ihre Hornhaut ist nämlich nicht wie unsere stark gekrümmt, sondern flacher. Die entscheidende Lichtbrechung geschieht in den Fischaugen durch eine kugelförmige Linse.

Unsere Augen sind optimal auf unseren Lebensraum angepasst: Ein Mensch unter Wasser ist weitsichtig und der Fisch an der Luft ziemlich kurzsichtig!

Mögen Stechmücken
Käsefüße?

5 »Wenn der Abend kam und der Straßenverkehr beklemmend wurde, erhob sich aus den Sümpfen eine Gewitterwolke blutgieriger Mosquitos, und ein zarter Dunst von Menschenscheiße, lau und trist, wühlte im Seelengrund die Todesgewißheit auf ...«

Gabriel García Márquez

Sie können einem den lauen Sommerabend verleiden. Seit 170 Millionen Jahren plagen sie ihre Opfer und übertragen in tropischen Ländern gefährliche Krankheiten: Stechmücken. Doch streng genommen stechen nur die Weibchen. Stechmücken sind nämlich Vegetarier und ernähren sich von Nektar und Fruchtsäften. Doch nach der Befruchtung durch die Männchen benötigen die Weibchen bestimmte Eiweißstoffe, um ihre Eier zu bilden, und die finden sie im Blut ihrer Opfer. Die Blutmahlzeit ist also unverzichtbar für die Fortpflanzung dieser Insekten.

Um an den Leben spendenden Saft zu kommen, treibt die Mücke ihren Stechrüssel in die Haut. Er ist so fein, dass wir oft kaum Notiz davon nehmen würden, wäre da nicht anschließend das Jucken an der Einstichstelle. Um zu verhindern, dass das Blut gerinnt, spritzt die Mücke nämlich bestimmte Eiweißstoffe in die Saugstelle, und diese gerinnungshemmenden Proteine verursachen anschließend den nervigen Juckreiz und können sogar Allergien auslösen.

Seit Jahren untersuchen Wissenschaftler, wie die sechsbeinigen Winzlinge ihre Opfer ausfindig machen. Die Körperwärme spielt eine Rolle, und auch das ausgeatmete Kohlendioxid scheint sie anzuziehen, doch in Sachen Geruchsortung stehen manche Stechmücken auf Unerwartetes: getragene Socken! Unser Fußschweiß enthält nämlich einen Cocktail an Substanzen, zu denen zum Beispiel Buttersäure gehört. Was für uns Menschen stinkt, ist für die Mücke offensichtlich ein anziehender Duftstoff!

Ich hatte Gelegenheit, es selbst am Internationalen Insekten-Forschungsinstitut (ICIPE) in Kenia zu testen. In einem speziellen Zelt wurden zwei Mückenfallen aufgebaut: In eine der beiden Fallen legten wir meine getragene Socke, in die andere zur Kontrolle eine frisch gewaschene, ungetragene Socke. 200 Mücken hatten danach eine Nacht lang die Wahl

33

zwischen meiner getragenen und der ungetragenen Socke. Am nächsten Tag wurde nachgezählt. Das Ergebnis: Bei der sauberen Socke waren nur 2 und bei der getragenen Socke 80 Mücken in die Falle getappt! Ein klarer Beweis: Getragene Socken ziehen Mücken an. Die kenianischen Wissenschaftler arbeiten an neuartigen Mückenfallen und hoffen so, die Übertragung der gefährlichen Malaria-Krankheit einzudämmen. In Ländern wie Kenia könnten auf diese Weise, ohne den Einsatz chemischer Insektengifte, viele Menschenleben gerettet werden.

Vielleicht können auch wir von diesem Wissen profitieren. Locken Sie die Plagegeister doch auf eine falsche Fährte: Socken ausziehen und vor die Schlafzimmertür hängen. Weibliche Stechmücken stehen darauf!

Wie entsteht
Muskelkater?

6 Man bewegt sich, treibt Sport, tut etwas für seine Gesundheit und prompt wird man abgestraft – mit Muskelkater! Wie kommt es dazu? Jahrelang hat man geglaubt, das Phänomen habe mit der Übersäuerung der Muskeln zu tun: Durch übermäßige, ungewohnte Anstrengung entstehe zu viel Milchsäure im Muskel, diese könne nicht so rasch abgebaut werden und führe zu dem bekannten Phänomen: Muskelkater.

Doch in den vergangenen Jahren lieferte uns die Wissenschaft eine ganz andere Erklärung: Muskeln entfalten ihre Kraft dadurch, dass sie sich zusammenziehen. Die Muskelkraft ergibt sich aus der Summe unzähliger mikroskopischer Kontraktionen.

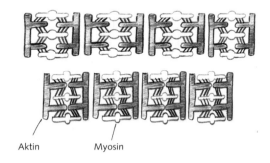

Aktin   Myosin

Die kleinsten Einheiten im Muskel sind die *Sarkomere*. Aus ihnen sind die einzelnen Muskelfasern aufgebaut. Die Sarkomere gleichen einem Federsystem aus zwei Teilen: Die sogenannten *Myosinmoleküle* greifen wie kleine Widerhaken in die *Aktinfäden* und ziehen sie aufeinander zu. Dadurch schieben sich die Myosin- und Aktin-Proteine ineinander wie Teile einer Teleskopantenne.

Das einzelne Sarkomer verkürzt sich dabei nur um weniger als ein Tausendstel Millimeter. Obwohl diese Längenänderung minimal ist, summieren sich die Kontraktionen der Abertausenden Sarkomere, aus denen jede einzelne Muskelfaser besteht. In der Summe macht sich das bemerkbar, der Muskel zieht sich zusammen und so können wir unsere Beine bewegen oder ein Gewicht heben.

Beim Muskelkater hat man nun etwas Interessantes beobachtet. Unter extremer Vergrößerung erkennt man Risse in den kleinsten Muskeleinheiten: Die Sarkomere wurden beschädigt. Muskelkater ist demnach eine Mikroverletzung im Muskel. Die Schäden, so vermutet man, entstehen, weil diese kleinsten Einheiten stärker gedehnt werden, als der Trainingszustand des Muskels es zulässt. Die Muskelfasern werden überdehnt und dabei geschädigt. Und das tut weh!

Kann man Muskelkater verhindern, zum Beispiel durch Dehnübungen vor dem Sport? Die Übersichtsstudien sagen zumeist: nein. Man kann ihn nicht verhindern. Und danach? Wegtrainieren oder »Drübertrainieren«? Ganz schlecht, denn dann heilen die kleinen Verletzungen noch langsamer. Massage im Nachhinein? Macht's auch schlimmer.

Es ist frustrierend, doch Muskelkater muss man eben aushalten. Einen Trost gibt es: Am Ende entstehen mehr Fasern und man wird kräftiger! Wie heißt es doch so schön in den Sportstudios: »no pain, no gain« – Kein Schmerz, kein Gewinn!

Warum klingt eine **Stimme** hoch, eine andere tief?

7 Als Kind dachte ich immer, je größer ein Mensch ist, desto tiefer klingt seine Stimme. Doch so ganz konnte das nicht stimmen, denn als ich das erste Mal die Oper besuchte, bemerkte ich: Der Bass klang tief, der Tenor hoch, doch beide Männer waren gleich groß! Warum aber klang eine Stimme hoch und eine andere tief?

Selbst die schönste gesungene Mozart-Arie ist physikalisch betrachtet nichts anderes als schwingende Luft! Diese Schwingungen entstehen an den Stimmlippen, die den Luftstrom aus der Lunge in kleine Luftscheiben mit mehr und weniger Druck zerhacken. Die zerhackte Luft nehmen wir als Schallwelle wahr.

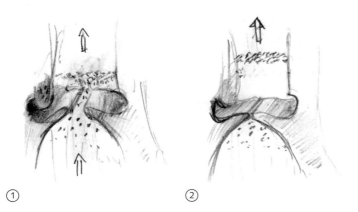

① ②

Zunächst sind die Stimmlippen über der Luftröhre geschlossen. Mithilfe des Zwerchfells wird in unserer Lunge Druck aufgebaut, der irgendwann stark genug ist, dass Luft durch die Stimmlippen strömen kann. Die hinausströmende Luft erzeugt in der entstehenden Lücke jedoch einen Unterdruck, und so verschließen sich die elastischen Stimmlippen wieder von selbst. Wenn sich genug Druck in der Lunge aufgebaut hat, gehen sie erneut auf und die nächste Luftwelle tritt aus. Dieses Hin und Her geschieht mehrere Hundert Mal pro Sekunde und so entstehen regelmäßige Druckschwankungen, die wir als Töne wahrnehmen. Durch das Spannen der Stimmlippen erfolgt das Auf und Zu schneller, der Ton klingt höher. Schwingen die Stimmlippen hingegen langsamer hin und her, klingt unsere Stimme tiefer.

Jeder Mensch besitzt seine natürliche Tonlage: Der Unterschied zwischen Tenor und Bass liegt dabei in der jeweiligen Dicke der Stimmlippen: Je dicker sie sind, desto langsamer können sie hin und her schwingen und desto tiefer klingt die Stimme. Bei Erkältungen schwellen unsere Stimmlippen ebenfalls an, werden dicker und jeder hört dann an der tiefen Stimme, dass wir krank sind. Die Stimmlage hängt also nicht von der Körpergröße ab, sondern ganz direkt von der Dicke unserer Stimmlippen.

Warum setzt der **Verstand**
bei Sonderangeboten aus?

8 Einkaufen ist für mich purer Stress. Überall werden wir zum Kaufen verführt: »Jetzt zugreifen!«, »Sonderangebot«, »Reduziert« oder »Rabatt« – was meinen Sie: Lassen wir uns davon beeinflussen oder behalten wir im Dschungel der Angebote einen kühlen Kopf?

Gemeinsam mit meinen Kollegen von »Quarks&Co« habe ich etwas Interessantes ausprobiert: Inmitten einer Fußgängerzone bauten wir einen Verkaufsstand auf. Auf dem Tisch gab es diverse Putzutensilien zu erwerben. Unterstützt wurden wir von einem professionellen Verkäufer: Zunächst ging er auf die Menschen ein, verwickelte die potenziellen Kunden in ein Gespräch und dann gab es folgende Wahl: Entweder die Produkte einzeln für jeweils 0,59 € oder aber alle zusammen im Dreierpack für 1,99 €. Bei unseren Käufern machten wir eine interessante Beobachtung: Viele entschieden sich für das Angebot im Dreierset – obwohl es tatsächlich teurer war! Die Teile einzeln gekauft ergaben einen Kaufpreis von nur 1,77 €. Das Dreierset war also 22 Cent teurer.

Natürlich haben wir im Nachhinein alle Kunden darauf hingewiesen. Doch warum fallen so viele von uns auf solche »Rabattkäufe« herein? Bonner Wissenschaftler haben sogar mit einem Kernspintomographen untersucht, wie Testpersonen auf Rabattschilder reagieren: Den Probanden wurden per Videobrille unterschiedliche Produkte gezeigt. Neben dem Preis gab es bei einigen Bildern auch den Hinweis »Rabatt«. Und überraschenderweise stellten die Forscher fest, dass beim Betrachten von Produkten mit Rabatthinweis ein Teil des Belohnungssystems, das sogenannte *Striatum*, besonders aktiv ist, wohingegen andere Areale, die Teil des Kontroll- und Verstandzentrums sind, eine reduzierte Aktivität aufweisen.

Das Zauberwort »Rabatt« scheint also unbewusst unsere Gehirnaktivität zu beeinflussen. Die Vorstellung, ein Schnäppchen zu ergattern, ist für unser Belohnungssystem wohl so attraktiv, dass wir sogar vergessen nachzurechnen. Der Effekt wird noch verstärkt, wenn uns eine künstliche Verknappung der Ware durch Schilder wie »Nur heute« oder »So lange Vorrat reicht!« vermittelt wird. Wenn an den Schnäppchenjäger in uns appelliert wird, setzt der Verstand aus!

Was bedeutet
»Blutdruck 120:80«?

9 Kontrolle des Blutdrucks. Mit ernster Miene wird gepumpt und gehorcht, und dann entspannt sich das Gesicht des Arztes: »120 zu 80, alles in Ordnung«. Doch was bedeuten diese beiden Zahlen?

Durch das Messen des Blutdrucks kann sich der Arzt ein Bild vom Zustand unseres Gefäßsystems machen. Unser Körper ist durchzogen von einem verästelten Netzwerk von Arterien und Venen, in denen das Blut transportiert wird. Als Pumpe fungiert das Herz. Der Gefäßdruck im Körper ist wichtig, denn fällt zum Beispiel der Druck in den Arterien ab, kann das Blut unser Gehirn nicht mehr ausreichend mit Sauerstoff versorgen; wir verlieren die Besinnung. Wenn Gefäße altern, werden sie spröde und verlieren an Elastizität. Es ist vergleichbar mit einem neuen und einem alten Wasserschlauch. Wenn man den neuen Schlauch zusammendrückt, gibt der elastische Schlauch nach und kann den Wasserdruck abfangen. Beim alten Schlauch hingegen passiert das nicht und der Wasserdruck im Schlauch steigt deutlich an.

Bei der Messung des Blutdrucks legt der Arzt eine Druckmanschette um den Oberarm und pumpt sie auf. Dabei wird die Arterie so weit zugeschnürt, bis das Blut darin nicht mehr weiterfließen kann. Stellen Sie sich vor, Sie drücken einen Wasserschlauch zu, bis kein Wasser mehr fließt. Beim Blutdruckmessen kann der Arzt das hören: Denn im Stethoskop, welches er etwas weiter unten positioniert, hört das Pochen auf. Dann beginnt der Arzt langsam, den Druck in der Manschette zu senken und wartet, bis das Pochen wieder anfängt. Stellen Sie sich vor, Sie fassen den Schlauch ein bisschen lockerer. Das Wasser beginnt langsam wieder zu fließen. Beim Blut ist das genau der Moment, in dem der Kreislauf mit seinem Druck den Gegendruck der Manschette überwinden kann. Dieser *systolische arterielle Druck*, wie er auch genannt wird, ist der Maximaldruck, den das Herz im Moment der Kontraktion aufbauen kann. An der Anzeige kann man den Druck ablesen: In unserem Beispiel 120. Dann wird weiter Luft abgelassen. Noch immer presst die Manschette gegen die Arterie und stört den Blutfluss. Sie öffnen den Schlauch weiter, das Wasser spritzt ungleichmäßig, und auch beim Blut in unserer Arterie kommt es zu kleinen Verwirbelungen, die sich durch ein typisches Zischgeräusch im Stethoskop verraten. Irgendwann ist jedoch der Ruhedruck in den Arterien ausreichend, um den Manschettendruck völlig zu kompensieren. Das Blut kann dann ungehindert fließen und das Zischgeräusch verschwindet. Erneut wird der Druck notiert, die zweite Zahl, oft *diastolischer Druck* genannt: zum Beispiel 80.

Es handelt sich bei den Zahlen »120 zu 80« also um Druckangaben. Da die Messmethode über 100 Jahre alt ist, verwendet man in der Medizin immer noch die traditionelle Druckeinheit *mm Quecksilbersäule.*

In jungen Jahren sind unsere Gefäße noch elastisch und dehnbar; dadurch kann sich im Adernsystem kein so hoher Druck aufbauen, doch je älter wir werden, desto fester und spröder werden unsere Arterien und desto höher ist der Blutdruck. Das Herz muss dann stärker arbeiten und das ist auf Dauer ungesund. Patienten mit zu hohem Blutdruck bekommen daher blutdrucksenkende Medikamente. Der Blutdruck schwankt jedoch auch im Laufe eines Tages, je nachdem, welche Aktivität gerade ausgeübt wird. Bei körperlicher Anstrengung, Stress und Aufregung steigt er an, in körperlichen und seelischen Ruhephasen sinkt er ab.

Als optimal gilt ein Blutdruck von 120:80, ab einem Wert von 140:90, sollte man seinen Blutdruck regelmäßig prüfen lassen. Dann wird wieder gepumpt und gehorcht, mit ernster Miene verkündet ...

Warum vertragen manche Menschen keine Milch?

10 In der Anfangsphase unseres Lebens werden wir gestillt und ernähren uns exklusiv von Muttermilch. Schließlich enthält sie alles, was wir zum Wachsen und Gedeihen benötigen.

Im Laufe der Entwicklung haben wir Menschen es verstanden, Tiere zu domestizieren und ihre Milch zu trinken. Streng genommen betreiben wir Menschen Mundraub an unzähligen Kälbchen, Zicklein und Lämmchen. Die Milch ist ihre Babynahrung! Doch ganz ungestraft kommen wir nicht davon. Bauchschmerzen, Krämpfe, Blähungen und Durchfall sind häufig die Folge.

Bei den meisten Säugetieren geht die Fähigkeit, Milchzucker zu verdauen, nach dem Abstillen verloren. Das ist verständlich, denn Milch gibt es bei Tieren nur im Säuglingsalter

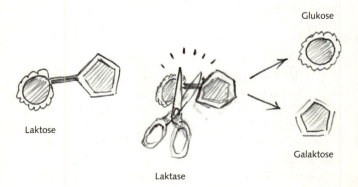

von der Mutter. Auch jeder Mensch verträgt Milchzucker, solange er gestillt wird. In dieser Phase produziert der Körper das Enzym *Laktase*. Es ist eine Art chemische Schere, die den schwer verdaulichen Milchzucker in seine zwei leicht verdaulichen Zuckerteile, *Glukose* (Traubenzucker) und *Galaktose* (Schleimzucker) zerlegt.

Weltweit leidet die Mehrheit der Menschen unter einer Milchunverträglichkeit. In Deutschland geht es nur einer Minderheit so – etwa jedem Sechsten –, an anderen Orten der Welt ist dies jedoch der Normalfall. Wer zum Beispiel in China ein Glas Milch trinkt, ist ein Exot, denn 99 % der Chinesen vertragen keine Milch. Auch in Afrika gibt es Regionen, in denen praktisch niemand Milch verträgt, aber auch vereinzelt Gegenden, in denen davon nur jeder Zehnte betroffen ist.

In Europa gibt es bei diesem Phänomen ein Nord-Süd-Gefälle: In Schweden und Dänemark bekommen weniger als 10 % der Bevölkerung Probleme mit Milch, in Frankreich und Spanien sind es etwa 50 %, in Sizilien sogar 70 %.

Die Fähigkeit, auch im Erwachsenenalter Milchzucker aufzuspalten, hat sich in der Evolution erst vor etwa 7.000 Jahren entwickelt, also sehr spät. In dieser Zeit begannen unsere Vorfahren Rinder, Ziegen und Schafe zu halten. Milch und Milchprodukte wurden allmählich zu einem Nahrungsmittel erwachsener Menschen. Das war neu und unser Körper musste sich umstellen. In genetischen Analysen können Wissenschaftler diese immer noch andauernde Entwicklung und Ausbreitung nachvollziehen.

Wer weiß, vielleicht ist die Milchunverträglichkeit ja auch nur ein weiterer Trick der Natur, um die Säuglinge vor dem Mundraub zu schützen? Theoretisch besteht nämlich die Gefahr, dass erwachsene Tiere den Babys die Milch rauben. Eine abstruse Vorstellung: Väter trinken die Mütter leer und für den Nachwuchs bleibt nichts übrig! Die Natur hat jedoch hier vorgesorgt, mit dem wohl raffiniertesten Schloss, das ich kenne: Aufgrund des kleinen Mundraums und des ohnehin ausgeprägten Saugreflexes schaffen die Kleinen es, einen weit höheren Saugdruck zu erzeugen als die Großen. Obwohl sie viel kleiner und schwächer sind: Saugen können sie besser.

Ist es nicht erstaunlich: An einem Glas Milch erkennt man, dass die Evolution der Menschheit immer noch in vollem Gange ist!

Was ist »gefühlte Temperatur«?

11 Vielleicht ist Ihnen der folgende Unterschied auch schon einmal aufgefallen: Wenn Sie bei einer Temperatur von 30 °C im Schatten in der Sonne liegen oder bei einer Wassertemperatur von 30 °C im Hallenbad schwimmen, kommen Ihnen die 30 °C in der Sonne viel wärmer vor als die im Wasser: Warum ist das so? Sind 30 °C nicht immer gleich?

In der Tat gibt es in dieser Hinsicht große Unterschiede zwischen Luft und Wasser. Wasser leitet die Wärme etwa 20-mal schneller ab als Luft. Wenn wir im Wasser liegen, wird unser Körper ständig umspült. Unsere Körpertemperatur beträgt normalerweise 37 °C, doch das Wasser ist mit 30 °C deutlich kälter. Wir geben zum Ausgleich ständig Wärme an das Wasser ab und beginnen mit der Zeit zu unterkühlen. Kleine Kinder erkälten sich leicht, wenn sie stundenlang im warmen Pool planschen, denn sie verlieren zu viel Wärme.

Taucher ziehen daher selbst in warmen Gewässern einen Neoprenanzug an. Der ist zwar nicht wasserdicht, doch der Anzug hält das vom Körper angewärmte Wasser fest, der Wärmeaustausch ist geringer – man bleibt länger warm.

An der Luft sieht das ganz anders aus. Luft ist ein hervorragender Isolator und leitet die Wärme sehr schlecht. Die Lufttemperatur ist nur *ein* Faktor bei dem, was man »gefühlte Temperatur« nennt. Der Wind und auch die Luftfeuchtigkeit spielen ebenfalls eine wichtige Rolle.

Bei Windstille baut sich unmittelbar über unserer Haut ein Polster aus warmer Luft auf. Wir tragen also ein unsichtbares Luftkleid und fühlen uns wohlig warm. Das ist auch der Grund, warum Vögel sich aufplustern und Daunenjacken besonders warm halten, denn je mehr stehende Luft zwischen uns und der Außenwelt ist, desto geringer ist der Wärmeverlust. Durch das Gefieder oder den Pelz wird die warme Luft auch bei Wind festgehalten. Weht der Wind, dann wird das schützende Luftpolster um uns ständig zerstört. Immer wieder kommt unsere Haut mit neuer, kühler Luft in Berührung, und die führt immer wieder Wärme ab. Das ist der Grund, warum wir uns selbst bei warmem Wetter erkälten, wenn wir im Durchzug sitzen.

Die Luftfeuchtigkeit beeinflusst ebenfalls die gefühlte Temperatur. Minus 10 °C in trockener Luft bei Windstille sind erträglicher als plus 5 °C bei windigem Regen.

Im Gegensatz dazu wird Hitze bei hoher Luftfeuchtigkeit noch unerträglicher. Jeder Saunabesucher weiß, wie brennend heiß die Luft nach einem Aufguss werden kann. Besonders unerträglich empfand ich die feucht-heißen Monsunmonate während meiner Kindheit in Indien. Die Luftfeuchtigkeit ist dann so hoch, dass auch das Kühlsystem unseres Körpers versagt: Der Schweiß verdunstet nicht mehr und erzeugt dadurch keine lindernde Kälte. Selbst nachts fällt das Thermometer nie unter 30 °C. Das gesamte Leben verfällt während dieser Zeit in eine Lethargie, und auch die Stubenfliegen fliegen wie in Zeitlupe. Hitze ist schlimmer zu ertragen als Kälte: Während der Kolonialzeit zog sogar die gesamte Regierung Britisch-Indiens in den Sommermonaten aus dem schwülen Kalkutta und Delhi in das kühle Shimla am Fuße des Himalajas. Gefühlt und gemessen ist eben doch ein Unterschied!

Warum **kribbelt es**
manchmal in Händen und Füßen?

12 Ein komisches Gefühl: Sie sitzen länger, stehen auf und nach einem ersten Taubheitsgefühl kribbelt es fürchterlich in den Füßen. »Meine Füße sind eingeschlafen«, lautet dann die Diagnose.

Etwas Ähnliches geschieht, wenn wir unbequem sitzen und die Beine kaum bewegen können, oder nachts, wenn der Arm unter dem Kissen verschränkt war und man von einem furchtbaren Kribbeln geweckt wird: Arm oder Hand sind dann wie taub. Was ist passiert?

Unser Körper ist von einem langen Netz von Nerven durchzogen und diese geben ständig Informationen aus den verschiedenen Körperregionen an das Gehirn weiter. Unser Körpergefühl ergibt sich aus der Summe dieser Nervenimpulse. Durch eine falsche Körperhaltung kann es geschehen, dass die Nervenbahnen gequetscht und so beeinträchtigt werden, dass sie die Signale nicht mehr weiterleiten können. Den Signalfluss innerhalb der Nerven kann man sich als eine Kaskade aus elektro-chemischen Reaktionen vorstellen. Wenn dieses stetig und koordiniert passiert, erhält das Gehirn einen gleichmäßigen Fluss von Signalen, der unser Gefühl für Arme und Beine entstehen lässt. Wird dieser Signalfluss zum Gehirn unterbrochen, weil die Reizweiterleitung durch die betroffenen Nerven unterdrückt wird, haben wir zunächst Probleme, das betroffene Bein oder den betroffenen Arm zu bewegen. Wir fühlen nichts.

Die Nervenimpulse, die üblicherweise sowohl sensorische Informationen der Nervenenden des Körpers zum Gehirn weitergeben als auch Befehle des Gehirns an die verschiedenen Körperteile übermitteln, sind dann gestört. Die betroffenen Körperteile kommen uns wie Fremdkörper vor. In einigen Fällen wird diese Störung auch noch durch eine abgeklemmte Blutversorgung verstärkt. Auf Dauer kann das sogar zu Schäden führen, doch der Körper reagiert und gibt uns das Signal: »Bitte Position ändern!«

Wenn wir uns dann bewegen, lösen wir den Druck. Das Blut fließt erneut und auch die Signalkette der Nerven kommt wieder in Gang. Doch zu Beginn läuft sie noch ungeordnet ab und es braucht etwas Zeit, bis sich die Nerven erholen und die Signale wieder wie gewohnt weiterleiten. In dieser Regenerierungsphase empfängt unser Gehirn ein nervöses Rauschen, und das spüren wir als Kribbeln und Stechen. Oft folgt auch noch eine Art Brennen.

Es gibt eine Vielzahl von Nervenbahnen in unserem Körper. Dabei werden die Informationen für »Gefühl« oder für »Bewegung« über unterschiedlich dicke Nervenfasern übertragen. Diese wachen auch nacheinander wieder auf. Daher können wir zum Beispiel schon wieder unsere Füße bewegen, obwohl sie sich noch taub anfühlen.

Das Kribbeln in den Beinen und Händen ist also streng genommen ein Kribbeln im Kopf. Und dann gibt es noch das Kribbeln im Bauch, aber das ist eine andere Geschichte ...

Warum bekommt man
Gänsehaut?

13 Kennen Sie das noch: Der Lehrer schreibt etwas an die Tafel, die Kreide rutscht ab und es quietscht entsetzlich. Viele haben von dem Geräusch wahrscheinlich Gänsehaut bekommen. Auch ein Musikstück kann sie bewirken, ebenso wie der Anblick einer Spinne oder das Ende eines spannenden Films: Gänsehaut kann man nicht bewusst steuern. Wovon hängt es ab, wenn sie uns überkommt? Neben Erregung und Angst ruft vor allem auch Kälte dieses Phänomen hervor. Dabei kommt es zu einem leichten Anschwellen der oberen Haut, die unzählige Erhebungen ausbildet. Durch diese Unebenheiten vergrößert sich die Oberfläche unserer Haut, und wenn man bei Aufregung oder Stress schwitzt, läuft es einem »kalt den Rücken herunter«. Wenn man die Haut näher betrachtet, kann man erkennen, dass sich bei der Gänsehaut feine Härchen aufrichten. Das ist die Folge der sogenannten *Haarbalgmuskeln*, die in der Haut sitzen, sich zusammenziehen und dann die Haare aufrichten. Bei den pelzigen Vierbeinern schützt das Aufrichten der Pelzhaare vor Kälte, denn hierdurch wird das eingeschlossene Luftpolster dicker und verbessert die Isolationswirkung. Obwohl der dichte Pelz unserer Vorfahren sich im Laufe der Evolution zu einer dünnen Behaarung veränderte, blieb dieser Reflex offensichtlich erhalten. Statt eines dicken, wärmenden Fells bleibt uns nur noch die nackte Gänsehaut. Dass wir also Gänsehaut bekommen, wenn uns kalt ist, scheint eine nackte Tatsache zu sein.

Warum aber auch Gefühle bei einigen Menschen Gänsehaut bewirken, ist bis heute wissenschaftlich nicht vollständig geklärt. Offensichtlich spielen genetische Faktoren eine Rolle, denn nicht jedem läuft es kalt den Rücken herunter, wenn jemand mit der Kreide an der Tafel abrutscht.

Was passiert beim
Niesen?

14 Es gibt diese besonderen – oft ungünstigen – Momente im Leben, in denen ... Haaatschhhhiii ... man niesen muss. Wie kommt es dazu?

Die plausible Erklärung lautet: Wir reinigen die Nase und befreien sie von Staub oder anderen Fremdkörpern. Beim Niesen führt ein Reiz in der Nasenschleimhaut zu einem reflexartigen Ausstoß von Luft durch Nase und Mund. In der Wissenschaft geht man davon aus, dass es im verlängerten Rückenmark sogar ein Nieszentrum gibt, in dem unter anderem die Signale aus der Nasenschleimhaut, aber auch aus dem Großhirn zusammengeführt und verarbeitet werden. Die verschiedenen Nervensignale beeinflussen sich sogar gegenseitig, und so machen wir dabei automatisch die Augen zu. Doch noch bevor man »Gesundheit« oder »God bless you« hört, heißt es »Hand vor den Mund«, und das hat Gründe:

Im Rahmen einer Sendung haben wir den Prozess des Niesens mit einer Superzeitlupenkamera aufgenommen. Die Produktion war eine Qual, denn mein Kollege musste auf Kommando richtig niesen. Mit Staub und Pfeffer gelang es nach mehreren Anläufen. Von den Bildern waren wir alle überrascht:

Man sieht eine Explosion winziger Tröpfchen, die in den Raum geschleudert werden. Beim Niesen bauen wir zunächst einen Druck auf (das ist die Haaaa-Phase!), der sich dann entlädt (...tschiii): Die ausgestoßene Luft ist dabei bis zu 160 km/h schnell! Die Weitenmessungen ergaben, dass selbst größere Tröpfchen drei Meter weit geschleudert werden. Bei Erkältungen muss man öfter niesen und kann auf diesem Wege dann bequem alle Umstehenden anstecken. »Hand vor den Mund!« – das hilft, doch jetzt kleben die Viren an der Handinnenfläche und werden so fein über all das verteilt, was wir anfassen, von der Türklinke über Telefon und Tastatur bis zu – »Guten Tag, Frau Schulz«.

Die klare Botschaft lautet daher: Wer niest, sollte sich anschließend die Hände waschen.

Man muss übrigens nicht unbedingt krank sein, wenn man niest. Etwa jeder Vierte von uns muss unwillkürlich niesen, wenn er in eine starke Lichtquelle schaut. Hat man sich jedoch ans Licht gewöhnt, erlahmt dieser Reflex. Bei diesem Phänomen sucht die Wissenschaft sogar noch immer nach einer vollständigen Antwort: Nach bisherigem Wissen scheint der Licht-Nies-Reflex sogar vererbt zu werden, doch wenn die Wissenschaft sich unsicher ist, versteckt sie sich hinter komplizierten Begriffen, und so heißt das Phänomen: *ACHOO-Syndrome* (Autosomal Dominant Compelling Helio-Ophthalmic Outbursts of Sneezing) – Gesundheit!

Ist Gähnen ansteckend?

15 Ist Ihnen das vielleicht auch schon mal passiert: Sie sitzen am Tisch, Ihr Gegenüber gähnt und prompt gähnen auch Sie. Ist Gähnen ansteckend? Und wenn ja, warum?

Häufig wird behauptet, Gähnen habe mit Sauerstoffmangel zu tun, doch dem ist nicht so. Denn Tests haben bewiesen: Bei schlechter Luft mit erhöhter Kohlendioxidkonzentration und auch bei erhöhtem Sauerstoffgehalt in der Atemluft ändert sich nichts am Gähnverhalten. Gähnen ist auch nicht immer Ausdruck von Müdigkeit. Olympiasportler gähnen zum Beispiel auffällig häufig vor dem Wettkampf. Es kann also auch ein Hinweis auf eine anstehende Aktivität sein. Die Wissenschaft hat das Rätsel des Gähnens noch nicht völlig gelöst. Was zum Beispiel passiert, wenn es unser Gegenüber erwischt? Ist Gähnen wirklich ansteckend?

In einem Experiment haben wir das Phänomen getestet: Mitten in Bremen wurden Passanten zu einem Versuch eingeladen. Ihnen wurde gesagt, es ginge um einen Aufmerksamkeitstest, doch das war nur ein Vorwand. Unsere Teilnehmer mussten sich Bilder merken. Einer Gruppe zeigten wir zwischendrin immer wieder Einblendungen von gähnenden Menschen. Und prompt reagierten sie: Unbewusst begann jeder Zweite (57 %) daraufhin selbst zu gähnen. Bei der Vergleichsgruppe fehlten die Einblendungen und kaum ein Teilnehmer gähnte. Interessanterweise klappt dieser Versuch auch bei Menschenaffen: Bei Schimpansen ist das Gähnen ebenfalls ansteckend. Gähnen könnte also eine Art Gruppensignal sein.

Die aktuelle Erklärung stammt aus der modernen Gehirnforschung: Man entdeckte vor einigen Jahren ein besonderes Netz von Nervenzellen. Diese sind nicht nur aktiv, wenn wir selber eine Aktion durchführen, sondern auch dann, wenn wir diese nur sehen. In unserem Gehirn spiegeln wir offenbar ständig, was um uns herum passiert. Diese Nervenzellen werden daher auch *Spiegelneuronen* genannt. Wenn wir jemanden gähnen sehen, dann gähnt unser Gehirn also mit, und wenn jemand sich schneidet oder lacht, dann leiden oder lachen wir im Gehirn mit. Wir erleben unsere Außenwelt also weit intensiver, als bislang bekannt war. Vielleicht haben wir es jedoch schon lange vor der Entdeckung der Spiegelneuronen geahnt. Darauf deutet das Wort *Sym-pathie* hin, welches wörtlich übersetzt *Mit-leiden* heißt!

Diese Kopplung der Gehirnzellen ist sehr intensiv, nicht nur beim Gähnen. Mütter öffnen zum Beispiel den Mund, wenn sie ihr Kind füttern. Das Kind sieht die Bewegung, das Gehirn spiegelt unbewusst, und das Mündchen geht auf.

Jetzt wissen Sie es also: Wenn Sie nächstes Mal beim Gähnen erwischt werden, haben Sie die beste Ausrede: Ihr Gehirn fühlt mit!

Warum haben
Frauen kalte Füße?

16 »Kalte Füße sind lästig, besonders die eigenen.«
Wilhelm Busch

Frauen leben länger als Männer, das ist statistisch belegt. Doch vielleicht gibt es ja so etwas wie Gerechtigkeit im Leben. Da wäre nämlich noch dieser Unterschied zwischen Mann und Frau: 80 % aller Frauen klagen über kalte Füße.

Betrachtet man den Wärmehaushalt der Geschlechter, so sind Männer deutlich im Vorteil. Denn gemessen am Gesamtgewicht besteht ein Mann zu 40 % aus Muskeln. Wenn ein Muskel arbeitet, investiert er nur ein Drittel der Energie in die tatsächliche Arbeit, der große Rest wird als Wärme abgegeben. Muskeln sind die Heizung unseres Körpers. Wenn uns kalt ist, zittern wir – und heizen durch die scheinbar überflüssige Muskelarbeit unseren frierenden Körper.

Der Muskelanteil bei Frauen beträgt jedoch nur 23 % und ist damit ungefähr halb so groß wie der der Männer. Die »Körperheizung« der Frauen ist also wesentlich schwächer angelegt.

Hinzu kommt der Wärmeverlust. Entscheidend hierfür ist unsere Körperoberfläche. Sie kennen das: Wenn uns kalt ist, kuscheln wir uns zusammen und minimieren so unsere Oberfläche. Dadurch geben wir weniger Wärme an die Umgebung ab.

Bei der jeweiligen Körperoberfläche findet man einen kleinen

Unterschied zwischen Mann und Frau: Wenn beide gleich groß sind, hat sie, bedingt durch ihre Brüste, eine größere Hautoberfläche und strahlt mehr Wärme ab.

Höherer Wärmeverlust und kleinere Heizung – das ist ungünstig. Wenn uns kalt ist, reagiert unser Körper mit einem unangenehmen Sparmodus: Um die lebenswichtigen Organe und das Gehirn auf 37 °C zu halten, werden andere Körperteile wie Arme, Beine oder unsere Nase weniger durchblutet. Die Wärme konzentriert sich auf den Körperkern. Bei Kälte verengen sich daher die Blutgefäße der Frau in den Füßen schneller. Und wo kein Blut fließt, da ist auch keine Wärme. Bis auf 8 °C kann die Temperatur in den Zehen sinken! Die kalten Frauenfüße sind also eine biologische Überlebensstrategie.

Einer der seltenen Fälle übrigens, so scheint's, bei denen Männer besser helfen können als die Natur ...

Wie sehen wir räumlich?

17

Anfangs dachte ich, die Besucher des berühmten Dalí-Museums in Figueres seien völlig durch den Wind. Sie starrten auf eine Bilderwand, schielten und verfielen sogleich in bewundernde Gefühlsausbrüche. Und dann traf es auch noch meine Tochter: »Unglaublich ... Ohhhh ... das gibt's nicht! ... und alles scharf ...«

Kurz danach verfiel auch ich den stereoskopischen Bildern von Salvador Dalí. Seltsame bunte Muster entpuppten sich plötzlich als räumliche Gebilde. Der Blick tauchte vom flachen zweidimensionalen Bild in eine sonderbare Welt neuer Einsichten – im wahrsten Sinne: Ich sah mich in Bilder hinein – und nach einer Stunde Silberblick litt ich an Kopfschmerzen.

Die Magie hat weniger mit unseren Augen als mit unserem Gehirn zu tun, denn Bilder entstehen im Kopf. Sehen ist ein

komplexer Lernprozess, bei dem sich unser Gehirn nach und nach auf die Informationsflut einstellen muss.
Da beide Augen ein etwas anderes Bild wahrnehmen, kann unser Gehirn daraus den Abstand eines Objekts ermitteln. Hierbei spielt aber auch die Bildschärfe eine Rolle. Der Zusammenhang zwischen Schärfe und Blickwinkel hat sich in unserem Gehirn über Jahre hinweg durch Erfahrung gefestigt. Die optische Vortäuschung der dritten Dimension gründet vor allem auf dieser Erfahrung. Wir wollen die Dinge scharf sehen und das klappt nur dann, wenn wir leicht schielen. Durch diesen Trick nehmen beide Augen aber ein leicht unterschiedliches Bild wahr und bei der Suche nach einer plausiblen Antwort interpretiert unser Gehirn das Seherlebnis als dritte Dimension.
Dass vor allem Säugetiere nach der Geburt das Sehen »lernen«, wurde vor einigen Jahren durch ein, wie ich finde, makaberes Experiment untermauert. Neugeborenen Katzen wurden die Augen verbunden, sodass sie in ihren ersten drei Lebensmonaten nichts sehen konnten. Nach dieser Phase nahm man ihnen den Verband ab. Trotz physisch intakter Augen waren die Katzen blind, denn ihr Gehirn hatte das Sehen nicht erlernt.
Ihnen ist in diesem Moment womöglich nicht einmal bewusst, dass auch Sie zuweilen blind sind – sogar auf beiden Augen: Wenn Sie mir nicht glauben, dann machen Sie folgenden Sehtest:

Decken Sie Ihr rechtes Auge ab und fixieren Sie aus ca. 10 cm Abstand die Maus. Aus dem Augenwinkel sehen Sie auch den Käse. Wenn Sie sich dann dem Buch nähern, dann verschwindet der Käse! Der Grund hierfür ist nicht die Maus (die hat sich nicht bewegt), sondern der sogenannte *blinde Fleck*, eine Stelle auf Ihrer Netzhaut ohne Sehzellen.

Unter den 125 Millionen Sensoren auf unserer Netzhaut unterscheidet man zwischen farbempfindlichen *Zapfen* und helligkeitsempfindlichen *Stäbchen*. Die Stäbchen sind rund 10.000-mal lichtempfindlicher als die Zapfen, daher nehmen wir unsere Umgebung bei Dunkelheit nicht mehr in Farbe, sondern nur noch in Grautönen wahr. (Genau deshalb sind auch nachts alle Katzen grau.) Je weniger Licht auf diese Sensoren trifft, desto länger brauchen sie, um zu reagieren. Nach diesem Prinzip möchte ich Ihnen einen ungewöhnlichen Versuch vorschlagen, den Sie leicht zu Hause selbst ausprobieren können:

Stellen Sie eine Lampe vor ein sich bewegendes Objekt, zum Beispiel ein Mobile, und achten Sie auf die Schatten an der Wand.

Halten Sie vor ein Auge das dunkle Glas einer Sonnenbrille. Sie werden bald feststellen, dass die Schatten in die Wand hineinwandern – sie wirken dreidimensional! Das abgedunkelte Auge erkennt den bewegten Schatten etwas später; das Gehirn nimmt diese zeitliche Verzögerung als zwei Bilder wahr. Wie beim normalen dreidimensionalen Sehen entsteht in unserem Gehirn aus der Überlagerung beider unterschiedlicher Bilder der Eindruck von Tiefe. Wenn Sie Ihre »Sichtweise« vertauschen und nun mit dem anderen Auge durch die Brille blicken, passiert noch etwas Verblüffendes: Der Drehsinn der Schatten hat sich schlagartig umgekehrt; was vorher in die Wand hineinzuwandern schien, bewegt sich nun aus der Wand heraus.

Als ich diesen Effekt das erste Mal erlebte, schien ich für einen Moment das Vertrauen in meine eigenen Sinne verloren zu haben. Die Täuschung der Sinne inspirierte auch große Denker wie den griechischen Philosophen Platon. In seinem »Höhlengleichnis« verglich er unser Bewusstsein mit Menschen, die ihren Schatten als Wirklichkeit auffassen. Nur der Philosoph, so der alte Denker, lässt sich nicht vom »Schattendasein« täuschen, sondern sucht nach der wahren Quelle des Lichts. Die alten indischen Philosophen gingen sogar noch einen Schritt weiter: Für sie war unsere Welt nichts anderes als »Maya« – eine große Illusion.

Was hätten sie wohl über unsere Fernsehwelt gesagt?

Warum funkeln Sterne?

Unendliche Weiten: Weltraum, Wind und Wetter

Warum ist der
Himmel blau?

18 »Siehst du, mein Kind, die Engel backen Plätzchen im Himmel!« Das war Großmutters Erklärung für die roten Sonnenuntergänge meiner Kindheit. Obwohl ich Abend für Abend genau hinsah, konnte ich keinen einzigen Backengel ausmachen, und mit der Zeit begann ich, an dieser Erklärung zu zweifeln. Die wechselnde Farbe des Sonnenlichts machte mir ohnehin zu schaffen. Dass sich zum Beispiel das weiße Sonnenlicht aus allen Farben des Regenbogens zusammensetzt, klingt nur in den Ohren eines Erwachsenen plausibel. Als ich das mit meinem Malkasten überprüfen wollte und alle Farben miteinander vermischte, war das Ergebnis nicht weiß, sondern ein enttäuschender Braunton. Mein Vater gab mir den entscheidenden Hinweis: Selbst der bunteste Kreisel wirkt, wenn er sich schnell genug dreht, weiß!

Viel später begriff ich dann, dass rote Sonnenuntergänge, weiße Wolken und das Blau des Himmels mit einem Phänomen zu tun haben, das Physiker *Lichtstreuung* oder *Raleighstrahlung* nennen: Verfolgt man den Weg des Sonnenlichts, dann trifft es nach seiner Reise durch den schwarzen Weltraum auf unsere Erdatmosphäre. Die Lichtwellen stoßen mit winzigen Luftmolekülen zusammen und werden dabei in alle Richtungen abgelenkt. Doch hierbei gibt es ein interessantes Phänomen: Die Farben des Sonnenlichts werden nicht gleich behandelt. Blaues Licht wird wesentlich häufiger gestreut als rötliches Licht. Unsere leuchtende Atmosphäre strahlt in der Farbe des am stärksten gestreuten Lichts: blau. Dieses blaue Licht durchläuft in einem Zickzackkurs die Luftschichten, und selbst wenn wir nicht direkt auf die Sonne blicken, sehen wir diese gestreuten Lichtstrahlen. Das ist auch der Grund, warum der Himmel tagsüber hell ist. Ohne Lichtstreuung wäre unser Himmel pechschwarz, so wie der Himmel, den die Mondastronauten erlebten.

Dass vor allem das blaue Licht gestreut wird, kann man einfach beobachten, indem man einige Tropfen Milch in ein Glas Wasser gibt: Das seitlich einfallende Licht streut an den Milchteilchen und genau wie beim richtigen Himmel leuchtet es auch hier eher bläulich! Bei zu viel Milch werden dann alle Farben gestreut: Weiße Milch – weiße Wolken!

67

Auch bei der rötlich untergehenden Sonne ist die durch den längeren Abstand bedingte stärkere Lichtstreuung der Schlüssel. Beim Sonnenuntergang legt das schräg einfallende Sonnenlicht einen längeren Weg durch die Erdatmosphäre zurück, bis es auf unsere Augen trifft. (Zum längeren Weg durch die Atmosphäre: siehe *Warum funkeln Sterne?*) Ist der Weg lang genug, wird der gesamte blaue Anteil des Sonnenlichts herausgelenkt. Übrig bleibt also das fantastische Rot der untergehenden Sonne, denn die roten Lichtstrahlen werden kaum gestreut und treffen so direkt auf unsere Augen.

Ich bin immer wieder entzückt, wie ein einziges physikalisches Phänomen, die Raleighstrahlung, so unterschiedliche Färbungen wie das Blau des Himmels, das Weiß der Wolken oder das Rot der Abendsonne hervorzaubern kann. Wer weiß, vielleicht stehen Sie ja eines Tages irgendwo mit Ihren Enkeln und bewundern den roten Abendhimmel. Statt von backenden Engeln erzählen Sie Ihren jungen Zuhörern dann hoffentlich vom Zauber der Physik.

Woher hat der **Regen-bogen** seine Farben?

19 Er ist ein Symbol für Frieden, Toleranz und Hoffnung: der Regenbogen. Doch wie kommt es zu diesem bunten Naturschauspiel?
Man braucht Regen und Sonnenschein. Das Sonnenlicht enthält alle Farben. Trifft es auf einen Regentropfen, so erfahren die Lichtstrahlen den Übergang vom Medium Luft in das Medium Wasser. Dabei wird das Licht gebrochen, das heißt,

das Sonnenlicht wird in seine spektralen Farben zerlegt. Innerhalb des Regentropfens werden die Lichtstrahlen auf der Rückseite reflektiert und treten dann wieder aus. Jeder Tropfen wirkt also wie ein besonderer Spiegel: Weißes Licht rein, buntes Licht raus.

Doch wie kommt es zu der Bogenform?

Damit wir das bunte, gebrochene Sonnenlicht überhaupt sehen können, muss der Winkel zwischen uns, dem Wassertropfen und dem Sonnenlicht exakt 40° betragen. Vielleicht ist Ihnen schon aufgefallen, dass man das Phänomen des Regenbogens nur bei tiefstehender Sonne zu sehen bekommt. Steht die Sonne hoch am Himmel, ist der Winkel zwischen uns, den Tropfen und der Sonne so groß, dass unser Auge das Farbspiel der Lichtbrechung nicht wahrnehmen kann.

Dieser feste optische Winkel von 40° erinnert an einen Zirkel, und in der Tat ergibt sich rein theoretisch ein bunter Kreis. Mit viel Glück kann man in einem Flugzeug einen solchen Regenbogenkreis ausmachen. Doch da wir meistens auf dem Boden stehen, sehen wir einen Bogen, denn der bunte Spiegel fallender Regentropfen füllt nur die obere Bildhälfte.

Als Kind wollte ich den bunten Bogen genauer untersuchen, doch er schien mir ständig auszuweichen. Je mehr ich mich ihm näherte, umso mehr zog er sich zurück. Erst später verstand ich, dass für dieses Phänomen eben nur der optische Winkel entscheidend ist. So scheint der Regenbogen auch im fahrenden Auto stets mitzureisen, und streng genommen sieht sogar jeder von uns seinen ganz persönlichen Regenbogen.

Wie entstehen
Wolken?

20 Verwunschene Schlösser, grimmige Hexengesichter und kämpfende Monster! Manchmal starrten sie mich an, bevor sie sich in eine andere verwunschene Form verwandelten. Auf der Wiese liegend konnte ich ganze Nachmittage damit verbringen, mich in die vorbeiziehenden Wolken hineinzuträumen, statt meine Rechenaufgaben für den kommenden Schultag zu lösen. Als ich später erfuhr, dass die Traumgebilde meiner Kindheit nur aus Wasser bestehen, war ich etwas enttäuscht. Doch die Wissenschaft der Wolken birgt andere, nicht minder spektakuläre Geheimnisse.

Wenn die Sonne den Boden erwärmt, steigt die warme Luft wie ein großer unsichtbarer Ballon nach oben. Dieser dehnt sich aufgrund des geringeren Luftdrucks in größerer Höhe aus und kühlt dabei ab. Da warme Luft erheblich mehr Wasser aufnehmen kann als kalte, kommt es beim stetigen Abkühlen irgendwann zu einem Flüssigkeitsüberschuss. Der bis dahin unsichtbare Heißluftballon wird nun erkennbar, da er seinen Ballast an Wasser in Form mikroskopischer Tröpfchen abgibt: Eine Wolke entsteht.

Greifvögel und Segelflieger suchen den Himmel nach diesen keimenden Wolken ab und schrauben sich mithilfe der zugehörigen Aufwinde nach oben. Die Unterseite der Wolken ist flach, doch vor allem die kräftigen *Cumuluswolken* wachsen schnell nach oben, bis sie dann in größeren Höhen aufgrund der seitlichen Winde ausfransen.

Vor knapp 200 Jahren begannen die Meteorologen damit, die Vielfalt der Wolken in zehn Familien einzuteilen, basierend auf den drei Hauptklassen: *Cumulus* (Haufen), *Cirrus* (Haarlocke) und *Stratus* (ausgebreitet/mit einer Schicht bedeckt). Die Formationen sind immer noch ein wichtiges Indiz für aufkommendes Wetter.

Besonderen Respekt genießen die *Cumulonimbuswolken*, denn diese Vorboten nahender Gewitter können einen Durchmesser von zehn Kilometern erreichen, wobei ihr ambossförmiges Dach bis zu zehn Kilometer hoch hinaufragt. Diese gigantischen Energiepakete fassen mehr als eine halbe Million Tonnen Wasser und entleeren sich als Platzregen auf die Erde. Danach scheint die Sonne und der klare Himmel empfängt die Schönwetter-*Cumuluswolken*, die sich weiß und unschuldig aufplustern zu neuen Luftschlössern ...

Wie entsteht
Nebel?

21 »Die Ungewissheit ist es, die uns reizt.
Ein Nebel macht die Dinge wunderschön.«

Oscar Wilde

Für die einen ist es der Ausdruck purer Romantik, für die anderen eine lästige Verkehrsbehinderung: Nebel.
Im Herbst, wenn die Nächte kälter werden und der Boden allmählich auskühlt, ist er besonders häufig zu sehen. Tagsüber, wenn die Sonne scheint, erhitzt sich die Luft wieder, während der Boden im Verhältnis dazu relativ kühl bleibt. Die erwärmte Luft kann dann sehr viel mehr Wasser aufnehmen als kalte Luft, und es bildet sich unsichtbarer Wasserdampf. Bei Sonnenuntergang kühlt sich die Luft am kalten Boden schnell ab und das überschüssige Wasser wird als Nebel sichtbar. Besonders in klaren Nächten können sich die bodennahen Luftschichten so stark abkühlen, dass sie einen Teil des Wassers abgeben müssen; der Wasserdampf kondensiert und es bilden sich feinste Wassertröpfchen.
Nebel ist also eine Art Wolke mit Bodenberührung, er entsteht immer dann, wenn warme feuchte Luft auf ein kaltes Umfeld stößt. Das Wort selbst leitet sich aus dem Griechischen *nephele* – Wolke – ab.
An kalten Wintertagen bildet sich sogar Nebel, wenn wir ausatmen, denn die warme Luft aus unseren Lungen kühlt sich

73

ab und kann nicht mehr das ganze Wasser halten. Ein Teil kondensiert und es bildet sich eine kleine Wolke.

Es gibt aber noch weitere Möglichkeiten, wie Nebel entstehen kann: Typisch ist zum Beispiel der Nebel in der Nähe von Flüssen und Seen. Im Herbst ist das Wasser noch vergleichsweise warm, doch die Luft darüber ist nachts schon deutlich kälter. Diese kalte und noch trockene Luft erwärmt sich unmittelbar über dem Wasser, nimmt dabei Feuchtigkeit auf und steigt anschließend nach oben. Dort trifft sie dann wieder auf kältere Luftschichten, die den Wasserdampf kondensieren lassen. Genau das ist der Grund, warum Seen an Herbstabenden dampfen.

Nebel besteht aus unzähligen, winzigen Wassertröpfchen, die so leicht sind, dass sie in der Luft schweben.

Immer dann, wenn es spannend werden soll, kommt auch im Showgeschäft jede Menge Kunstnebel zum Einsatz. Der jedoch wird per Knopfdruck produziert: Nebelmaschinen versprühen heißes Öl über feinste Düsen. Die winzigen Öltröpfchen schweben in der Luft und sehen im Licht der Scheinwerfer so aus wie richtiger Nebel. Bei Dreharbeiten heißt es dann: »Nebel ab, Ton ab, Kamera ab, Action ...«

Mit Romantik hat diese Art von Nebel wohl nichts zu tun ...

Warum funkeln
Sterne?

22 »Twinkle, twinkle, little star,
How I wonder what you are ...«

Englisches Kinderlied

Der Sternenhimmel ist meine große Leidenschaft. Er hat
mich schon immer angezogen. An manchen Sommernächten
legte ich mich auf den noch warmen Boden unserer Wiese
und blickte in das Dunkel der Nacht. Mein Blick war frei,
keine Bäume oder Sträucher, keine störende Straßenlampe.
Mein gesamtes Gesichtsfeld war erfüllt vom magischen Glit-
zern aus der Ferne. In diesen Momenten schien ich durch
den Weltraum zu schweben und die Erde, auf der ich lag,
wurde zu meinem Rucksack. Ich schwebte als ein Teil unter
vielen anderen in einem Weltraum, der kein Oben und Unten
kennt. Je länger ich regungslos nach oben blickte, umso mehr
Sterne tauchten auf. Ihr Licht war unterschiedlich. Manche funkelten rötlich, andere schienen in bläulichen Dunst
gehüllt. Der Anblick der Milchstraße mit ihren unzähligen
Sternen macht uns klar, dass wir, mit unseren Freuden und
Sorgen, lediglich ein Staubkorn in einer unfassbaren Un-
endlichkeit sind. Das Licht mancher Sterne trat seine Reise
vor vielen Millionen Jahren an, als unsere Erde noch völlig
menschenleer war. Moderne Teleskope erfassen sogar das
Licht von fernen Sonnen, die schon längst verschwunden
sind ...

Wer bei klarem Wetter in den Nachthimmel schaut, sieht viele, viele helle Punkte. Manche funkeln – andere nicht. Wie kommt es dazu?

Die meisten Punkte sind Sterne, die sehr weit weg sind. Der uns nächste Stern ist unsere Sonne, ein hell leuchtender Feuerball. Auch die anderen Sterne würden aus der Nähe betrachtet so aussehen, doch je weiter entfernt ein Objekt von uns ist, desto kleiner erscheint es uns. Unsere Sonne würde daher aus großer Entfernung genauso aussehen wie die vielen anderen Sterne. Bei den gewaltigen Distanzen im Universum erreicht uns nur noch ihr Licht. Ihre Form reduziert sich auf einen hellen Punkt. Viele Sterne sind so weit von uns entfernt, dass sie selbst beim Blick durchs Teleskop immer noch bloß als heller Punkt erscheinen.

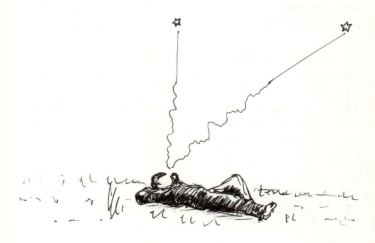

Das Funkeln entsteht, weil das Sternenlicht zunächst unsere Erdatmosphäre passieren muss, bevor es auf unser Auge trifft. In den unruhigen Luftschichten werden die Lichtstrahlen leicht abgelenkt. Der anfängliche Lichtpunkt tanzt also hin und her, und seine Helligkeit schwankt: Der Stern funkelt. Sterne am Horizont funkeln stärker als Sterne direkt über uns, denn ihr schräg einfallendes Licht legt einen längeren Weg durch die unruhige Atmosphäre zurück. Für die Astronauten hingegen gibt es kein Funkeln, sondern nur leuchtende Punkte im Weltraum, weil sie außerhalb der Erdatmosphäre um die Erde kreisen.

Unsere Planeten wie Mars, Saturn oder Venus sind jedoch nicht so weit weg wie die Sterne. Daher erscheinen sie uns nicht punktförmig, sondern als kleine Scheiben. Planeten leuchten nicht von selbst, sondern werden durch die Sonne angestrahlt. Auch ihr Schein wird durch die Erdatmosphäre gestört, doch aufgrund ihrer Ausdehnung sind die Helligkeitsschwankungen geringer. Daher funkeln Planeten kaum. Am Nachthimmel lässt sich also leicht zwischen Sternen und Planeten unterscheiden: Sterne funkeln, Planeten nicht.

Was ist die Milchstraße?

23 In klaren Nächten erstreckt sich ein leuchtendes Band am Sternenhimmel: die Milchstraße. Um sie überhaupt sehen zu können, muss man jedoch unsere hell beleuchteten Städte verlassen und braucht zudem möglichst klare Luft. Doch was genau ist die Milchstraße?
Der schmale, leuchtende Streifen am Nachthimmel fiel schon unseren Vorfahren im Altertum auf und so leitet sich der Fachausdruck *Galaxie* ab vom griechischen Wort für Milch, *Gala*. Nach der antiken griechischen Sage zeugte der oberste Gott Zeus seinen Sohn Herakles mit der sterblichen Alkme-

ne. Um seinen unehelichen Sohn dennoch mit göttlichen Kräften zu beschenken, lässt ihn Zeus heimlich bei seiner schlafenden Frau Hera trinken. Der Säugling trinkt jedoch so stürmisch, dass Hera davon erwacht und ihn beiseite stößt. Ihre göttliche Milch verspritzt dabei im Himmel!
Durch ein Fernrohr betrachtet, entpuppt sich die milchige Struktur als Ansammlung unzähliger Sterne. Sie bilden sich häufig in gigantischen Ansammlungen, die man Galaxien nennt. Genauso verlief auch die Entstehungsgeschichte unserer Sonne. Sie besitzt etwa 200 Milliarden Geschwistersterne und alle zusammen bilden unsere Galaxie – sie ist eine sogenannte *Balkenspiralgalaxie,* die gigantisch groß ist: Ihr Durchmesser beträgt etwa 100.000 Lichtjahre; das heißt, das Licht brauchte 100.000 Jahre, um einmal unsere Galaxie zu durchqueren. Nur zum Vergleich: Für die Strecke von der Erde zum Mond benötigt das Licht gerade mal eine Sekunde! Von der Erde zur Sonne sind es acht Lichtminuten.
Unsere Sonne und somit auch unsere Erde, die ja Teil unseres Sonnensystems ist, befinden sich in einem Seitenarm dieses riesigen Gebildes (siehe Abbildung unten).
Aus der Ferne des Weltraums betrachtet, sähe unsere Galaxie wie ein gigantischer Strudel aus, doch da wir Teil dieses Gebildes sind, ist uns diese Übersichtsperspektive nicht möglich. Blicken wir ins Zentrum unserer Galaxie, so sehen wir

lediglich ein Band aus vielen Sternen, wohingegen der Blick »weg« von der Galaxie mit weniger Sternen belohnt wird. Die Milchstraße ist also das Ergebnis unserer eingeschränkten Perspektive im Universum. *Alle* Sterne, die wir am Nachthimmel erblicken, gehören zu unserer Galaxie. Unter extrem guten Sichtbedingungen sind es immerhin etwa 15.000 helle Punkte. Bedenkt man jedoch, dass unsere Galaxie etwa 200 Milliarden Sterne beheimatet, sehen wir also nur einen winzigen Bruchteil.

In größerer Nachbarschaft zu unserer Heimatgalaxie gibt es eine ähnlich aussehende Galaxie, im Sternbild Andromeda. Man kann sie sogar mit bloßem Auge ausmachen. Sie sieht aus wie ein unscharfer, verwaschener Stern.

Die Andromedagalaxie, unter Astronomen auch als *Messier-Objekt 31* oder M31 bekannt, ist derzeit 2,7 Millionen Licht-

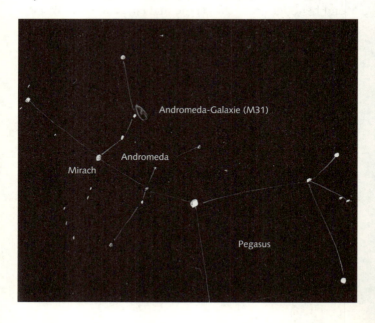

jahre von uns entfernt. Das Licht, welches wir hier und heute sehen, trat seine Reise also vor 2,7 Millionen Jahren an! Aus exakten Messungen des Lichts haben Astronomen herausgefunden, dass diese Galaxie mit 266 km/s auf uns zu rast. In etwa drei Milliarden Jahren wird sie mit unserer Milchstraße kollidieren. Uns bleibt also noch etwas Zeit ...

Warum wird es leise, wenn es schneit?

24 Meinen ersten Schnee habe ich erst spät erlebt. Während meiner Kindheit in Südindien war Schnee kein Thema. Um Weihnachten herum telefonierten wir mit meiner Großmutter im fernen Europa. Die Telefonverbindungen waren lausig und Mutter und Großmutter schrien in den Hörer, um sich gegenseitig zu verstehen. Manchmal hieß es vom anderen Ende: »Wir haben weiße Weihnachten«. In meiner Vorstellung ging ich eine ganze Zeit davon aus, dass Europa wohl ständig mit Schnee bedeckt sei. Die Heimat meiner Mutter war dadurch etwas ganz Besonderes. Als wir dann Jahre später tatsächlich nach Luxemburg reisten, wurde ich prompt enttäuscht: Wo war der Schnee? Es war Sommer! Im darauffolgenden Winter wurde ich entlohnt und machte eine überwältigend neue Erfahrung. Schnee war reine Magie! Allein, weil die Welt plötzlich so leise wird. Was steckt eigentlich dahinter?

Zunächst einmal verändert Schnee das hektische Treiben: Autos sind aufgrund der glatten Straßen gezwungen, langsamer zu fahren, und die Menschen bleiben lieber zu Hause – zumindest die Erwachsenen! Doch die Schneedecke verändert auch die Akustik der Umgebung. Je nach Umfeld breiten sich Schallwellen sehr unterschiedlich aus. Jeder weiß, dass unsere Stimmen in einer Kathedrale völlig anders klingen als in einer Telefonzelle, denn die Schallwellen werden an Mauern und Böden reflektiert. Selbst mit geschlossenen Augen kann man den Raum »erhören« und merkt zum Beispiel, ob im Zimmer Teppichboden oder Fliesen liegen. Je härter und glatter die Oberfläche, desto besser werden die Schallwellen reflektiert. Ein Raum, der vollkommen mit Teppich ausgekleidet ist, schluckt hingegen den Schall, denn die Schallwellen werden von den Wänden absorbiert und nicht zurückgeworfen.

Frischer Schnee besteht zu etwa 90 % aus Luft, denn die Eiskristalle liegen ungeordnet aufeinander und dazwischen bilden sich viele Hohlräume. Schnee verhält sich ähnlich wie dicker, eisiger Schaumstoff. Wenn Schallwellen auf Schnee treffen, werden sie in viele Richtungen abgelenkt, dringen aber auch teilweise in die Schneedecke ein und finden nicht mehr hinaus. Ein Teil der Schallenergie verschwindet also in der Schneedecke. Amerikanische Wissenschaftler haben das mithilfe von Pistolenschüssen genau untersucht:

Mit Spezialmikrofonen wurden Pistolenschüsse im Sommer und im verschneiten Winter vermessen. Der Unterschied ist deutlich: Das Geräusch wird bei Schnee um ein Vielfaches abgedämpft. Hierbei zeigte sich auch, dass die Schneedecke bevorzugt hohe Töne schluckt. Dieses Phänomen erlebt man auch, wenn man den Kopf unter die Decke steckt. Die hohen Frequenzen werden stärker geschluckt und alles klingt dumpf. Frischer Pulverschnee ist übrigens der allerbeste Schalldämpfer. Schmilzt der Schnee und pappt mehr zusammen, verringert sich der Luftanteil und die Dämpfung lässt nach.

Also, liebe Eltern: Wenn Ihre Kinder eine Schneeballschlacht machen und Ihre Rufe nicht hören: Nicht schimpfen! Nicht die Kinder sind schuld, sondern der Schnee!

Warum hat der Mond so viele Krater – die Erde aber nicht?

25 Er sieht ein bisschen so aus, als habe er gerade die Windpocken überstanden: der Mond. Er ist übersät mit Kratern, während unsere Erde im Vergleich dazu eher glatt erscheint. Wie kommt das?

Vor etwa 4,6 Milliarden Jahren bildete sich zunächst die Ur-Erde. Heute geht man davon aus, dass bei einer Kollision mit einem Himmelskörper ein Teil der Erde herausgeschlagen wurde. Aus der Materie beider Körper bildete sich dann der Mond. Während dieser Entstehungsphase war unser Sonnensystem voller kleinerer Himmelskörper, die immer wieder mit der Erde und dem Mond zusammenstießen. Dieses große Bombardement erstreckte sich über einen Zeitraum von etwa 300 Millionen Jahren. Immer wieder prallten kleine und größere Meteoriten mit bis zu 200-facher Schallgeschwindigkeit auf die Oberfläche. Die Aufschlagsenergie war so hoch, dass die Geschosse explodierten und verdampften. Dabei schleuderten sie Material hinaus und hinterließen zum Teil gigantische Krater.

Die Entwicklungsgeschichte unserer Erde und ihres Trabanten verlief jedoch unterschiedlich. Im Gegensatz zum Mond entstand auf der Erde mit der Zeit eine Atmosphäre. Dies war möglich, da die Erde sehr viel schwerer ist als der Mond. Gase aus dem sich abkühlenden Gestein wurden dank der größeren Schwerkraft gehalten und entwichen nicht in den Weltraum.

Die Bedingungen auf unserer Erde waren so gut, dass sich im Wasser der Ozeane Leben entwickeln konnte. Regen, Wind und Wetter und auch die Gezeiten veränderten im Laufe von Jahrmillionen das Gesicht der Erde und glätteten die Kraternarben aus der frühen Entstehungsphase unseres Heimatplaneten. Der Mond hingegen besitzt keine Atmosphäre, kennt kein Wasser und kein Wetter. Beim Mond fehlte also dieser Glättungsprozess und somit zeigt er uns noch immer die Narben seiner Kindheit.

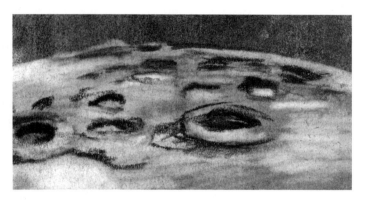

Ganz verschwunden sind die Krater auf der Erde jedoch nicht, denn noch immer kommt es zu Einschlägen aus dem Weltraum. Verhältnismäßig frisch ist zum Beispiel der Barringer Krater in Arizona. Er entstand vor gerade einmal 50.000 Jahren. Da es in der Wüste wenig regnet, ist die Erosion gering und der Krater in einem gut erhaltenen Zustand. Selbst in Deutschland findet man solche Spuren. Das Nördlinger Ries zwischen Schwäbischer und Fränkischer Alb ist der Überrest eines etwa 14,4 Millionen Jahre alten Einschlagkraters, eine Attraktion für viele Geologen.
Der Mond hat viele Krater, die Erde nur noch wenige, und das liegt an unserer guten Atmosphäre!

Sehen wir alle denselben Mond?

26 »Der Mond ist aufgegangen«, heißt es in dem berühmten Lied von Matthias Claudius über den magischen Moment, wenn wir nachts am Himmel die leuchtende Sichel sehen. Sehen wir eigentlich überall auf der Welt dasselbe, wenn wir in den Himmel schauen?

Der Mond kreist um die Erde und wird dabei von der Sonne angestrahlt. Etwas über 27 Tage braucht er dabei für einen Erdumlauf. Von der Erde aus betrachtet, ändert sich also der Winkel, und je nach Stellung des Mondes sehen wir eine Sichel oder bei Vollmond sogar seine ganze angestrahlte Seite. In Deutschland lernen die Kinder, wie man anhand der Sichel zwischen zunehmendem und abnehmendem Mond unterscheiden kann:

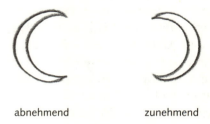

abnehmend   zunehmend

Kann man dieses Wissen auch in anderen Ländern anwenden? Nein – denn wenn man nach Süden wandert, ändert sich die Perspektive auf den Mond: Die Sichel scheint sich zu drehen! In Äquatornähe gleicht der Mond einer Schale und weiter südlich davon dreht sich die Sichel immer weiter, bis sie in Australien schließlich auf dem Kopf steht.

Dass wir überall auf der Welt einen eigenen Blick auf den Mond haben, zeigt sich auch auf einigen Fahnen. Die Nationalflaggen der Türkei, Pakistans und Mauretaniens sind gute Beispiele dafür. Während der Mond auf der türkischen Fahne die Form eines »C« hat, ist die pakistanische Mondsichel leicht nach oben verdreht und Mauretaniens Mond gleicht einem offenen »U«. Andere Länder – andere Monde!

Türkei   Pakistan   Mauretanien

Wir alle sehen ein und denselben Mond, und dennoch erscheint er anders. Es ist – wie so oft im Leben – eine Frage der Perspektive!

Warum dreht sich
unsere Erde?

27 Jedes Kind weiß heute, dass sich unsere Erde um ihre eigene Achse dreht. Doch warum dreht sie sich überhaupt?

Wenn wir auf dem Äquator stehen, rasen wir mit einer Geschwindigkeit von 1.667 Kilometer pro Stunde, also der 1,3-fachen Schallgeschwindigkeit, einmal in 24 Stunden um die Erdachse. Natürlich merken wir davon nichts. Unser Heimatplanet dreht sich, vom Nordpol aus betrachtet, gegen den Uhrzeigersinn. Diese Drehung um die eigene Achse gibt es auch bei allen anderen Planeten – und es fällt auf, dass alle, mit Ausnahme von Venus und Uranus, denselben Drehsinn haben – immer gegen den Uhrzeigersinn. Auch umkreisen alle Planeten unseres Systems die Sonne in derselben Richtung. Dieses gleichlaufende kosmische Karussell geht – so die heutige Erklärung – auf die Entstehung des Sonnensystems zurück. Alles begann mit der Verdichtung einer gigantischen Staubwolke. Die Teilchen zogen sich gegenseitig an und näherten sich einander. Da viele Anziehungskräfte auf die einzelnen Teilchen wirkten, begannen sie sich zu drehen, und je mehr sie sich verdichteten, desto schneller drehte sich das Gebilde, aus dem später unsere Sonne und auch unsere Planeten hervorgingen.

Diesen Effekt kann man auch schön bei einer Pirouette im Eiskunstlauf beobachten. Die Eisläuferin beginnt die Pirouette zunächst langsam, mit ausgestreckten Armen und Bei-

88

nen. Je mehr sie sich zusammenkauert und ihre Ausmaße verdichtet, desto schneller rotiert sie. Dahinter verbirgt sich das Gesetz der Drehimpulserhaltung, und da Naturgesetze universell sind, spielt es keine Rolle, ob es sich um eine Schlittschuhläuferin oder um die Bildung unseres Sonnensystems handelt. Wie eine gigantische Tänzerin begann sich auch die Vorstufe unserer Erde zu drehen. Durch die Gravitationskraft sammelte sich immer mehr Materie, die sich verdichtete, und so drehten sich die Planeten um sich selbst und wurden dabei immer schneller.

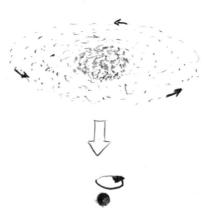

Im Laufe der Zeit wurde unsere Erde jedoch auch wieder abgebremst: Durch die gegenseitige Reibung der inneren Erdschichten geht Energie verloren und auch die Gezeiten wirken wie eine Bremse, denn unentwegt rauben sie der drehenden Erde Energie und verlangsamen unseren Tag. Das hin und her fließende Wasser reibt sich am Meeresboden und an den Stränden, Wind und Wetter zehren ebenfalls, und obwohl diese Effekte klein sind, zeigen sie ihre Wirkung: Vor vier Milliarden Jahren dauerte ein Tag der damals noch jungen Erde gerade mal 14 Stunden. Noch vor 400 Millionen Jahren brauchte unser Heimatplanet nur 22 Stunden für eine Umdrehung. Heute dauert der Tag immerhin schon 24 Stunden. Gute Nachrichten für alle, die unter ständiger Zeitnot leiden: Die Tage werden länger – wir müssen nur ein paar Millionen Jahre warten.

Wie kommt es zu
Ebbe und Flut?

28 Jedes Kind kennt das Phänomen, doch bei der Erklärung geraten die Erwachsenen ins Stocken: Wie kommt es zu Ebbe und Flut?
»Das hat mit dem Mond zu tun«, lautet die klassische Antwort, »der zieht das Wasser an«. Neugierige Kinder haken jedoch nach: »Wieso ist dann nicht immer entweder Flut oder immer Ebbe?«
»Die Erde dreht sich eben unter dem Hochwasser der Flut, dem Flutberg, weiter. Das Wasser wird durch den Mond angezogen und ist auf der mondzugewandten Seite höher. Mitten auf dem Meer merkt man diesen Höhenunterschied nicht, doch an der Küste ist das anders: Das höhere Meer bedeckt einen größeren Teil des Strands. Es herrscht Flut. Da sich die Erde aber weiterdreht, verschwindet diese Wasserbeule am Strand. Das Wasserniveau sinkt und es herrscht wieder Ebbe. Durch die Drehung der Erde wechseln sich Ebbe und Flut also ab.«

Spätestens jetzt kommt die ernste Nachfrage: »Dann müsste es ja nur einmal am Tag Flut geben, doch das Hochwasser kommt zweimal am Tag! Woher kommt der zweite Flutberg?« Aus der simplen Kinderfrage wird nun eine komplizierte Antwort!

Den zweiten Flutberg begreift man erst, wenn man sich Erde und Mond als gemeinsames rotierendes System vorstellt, wie zwei Tänzer im Weltraum. Beide drehen um einen gemeinsamen Schwerpunkt. Wären Erde und Mond gleich schwer, befände sich dieser Schwerpunkt exakt in der Mitte zwischen beiden Himmelskörpern. Da die Erde jedoch etwa 81-mal schwerer ist als der Mond, liegt der gemeinsame Schwerpunkt etwas versetzt vom Erdmittelpunkt. Beide Himmelskörper umkreisen auf ihrer stabilen Bahn um die Sonne diesen gemeinsamen Schwerpunkt.

Machen Sie in diesem Augenblick ein Gedankenexperiment: Vergessen Sie für einen Moment die normale Erddrehung und denken Sie nur an das drehende System Erde-Mond.

Aufgrund des Ungleichgewichts »eiert« die Erde um den gemeinsamen Schwerpunkt. Die mondabgewandte Seite dreht sich dabei schneller, weil sie weiter vom Drehpunkt entfernt ist als die mondzugewandte Seite. Diese Erfahrung kennen Sie vom Karussell: Je weiter außen (also vom Drehpunkt entfernt) Sie sitzen, umso stärker spüren Sie die Fliehkraft. Die bei der gemeinsamen Drehung von Erde und Mond entstehende Fliehkraft erzeugt in der Tat einen Wasserberg, der sich auf der mondabgewandten Seite der Erde befindet. Damit haben wir die Erklärung für den zweiten Flutberg!

Ebbe und Flut ergeben sich also durch die Überlagerung von zwei Drehungen: die Erddrehung und die Drehung des Erde-Mond-Systems. Unser Planet rotiert somit jeden Tag unter zwei Wasserbergen hindurch.

Unbemerkt ist uns übrigens ein wichtiges physikalisches Prinzip begegnet: Jeder noch so komplexe Prozess lässt sich als Überlagerung von einfachen Bewegungen begreifen.

So kann man auch verstehen, wieso es alle 12,4 Stunden Hochwasser gibt: Schuld daran ist die Umlaufzeit des Mondes. Wenn man nämlich zum Himmel schaut, dauert es genau 24,8 Stunden, bis der Mond wieder an der gleichen Stelle erscheint. Da wir zwei Flutberge durchlaufen, dauert es halb so lange, also 12,4 Stunden, von Flutmaximum zu Flutmaximum. Durch diesen Versatz verschiebt sich die Flut täglich ein wenig. An Seebädern hängen daher Tabellen mit den jeweiligen Tidezeiten aus.

Übrigens hätten wir fast noch einen Mitspieler im Schauspiel von Ebbe und Flut vergessen: die Sonne. Sie ist zwar sehr weit entfernt, besitzt jedoch eine gigantische Masse. Ihre Gezeitenwirkung beträgt etwa 40 % von der des Mondes.

Bei Neumond, wenn Mond und Sonne auf einer Seite stehen, ist die Anziehungskraft besonders groß, und das merken wir an der *Springflut*. Dann ist die Gezeitenwirkung extrem und während der Flut steigt das Wasser sehr hoch.

Wenn das Kind Sie immer noch löchert: »Warum sind Ebbe und Flut in bestimmten Meeren unterschiedlich stark?«, antworten Sie am besten: »Das hängt mit der jeweiligen Küstenform zusammen: An einigen Stellen verengt sich das Meer wie ein Trichter. Wenn das hin und her fließende Wasser auf einen solchen schmal zulaufenden Küstenstreifen trifft, sind die Gezeiten besonders stark ausgeprägt. Der Wind spielt regional ebenfalls eine Rolle, denn er kann das Wasser in eine Bucht hineindrücken und so die Flut verstärken. – Sonst noch Fragen ...?« Wahrscheinlich wird das Kind jetzt einen Moment lang schweigen.

Können 50.000 springende Menschen
ein Erdbeben auslösen?

29 Wenn Riesen sich nähern, dann bebt die Erde. Besonders in Spielfilmen wird dieser Effekt gerne genutzt – der hungrige Tyrannosaurus Rex in Spielbergs *Jurassic Park* verrät sich an feinen Wasserwellen im Glas ... In der Wirklichkeit gibt es weder Riesen noch Lebewesen mit den Ausmaßen eines Tyrannosaurus Rex: Aber stellen Sie sich vor, 50.000 Menschen hüpften gleichzeitig. Könnten die womöglich ein solches Erdbeben auslösen?

Wir haben das Experiment gemacht. Erdbeben werden mit *Seismometern* erfasst, die auf kleinste Erdbewegungen reagieren. Was heute elektronisch funktioniert, hat man früher noch auf Papier erfasst. Ein Ausschlag von einem Millimeter eines Bebens in 100 Kilometer Entfernung entspricht dabei genau der Stärke 3 auf der Richterskala. Diese Skala gibt einen Hinweis auf die freigesetzte Energie eines Bebens. Dabei muss man beachten, dass die Skala nicht linear, sondern logarithmisch gestaffelt ist. Das bedeutet: Ein Beben der Stärke (*Magnitude*) 4 ist 10-mal stärker als eines der Stärke 3 und Magnitude 5 ist dann sogar 100-mal stärker als Magnitude 3. Wie empfindlich solch ein Gerät ist, haben wir mithilfe eines Bodenturners festgestellt: Während er einen Salto schlägt, kann man in einigen Metern Entfernung den Ausschlag im Seismometer verfolgen. Bei jeder Landung drückt sich der Boden etwas zusammen. Dieser Stoß breitet sich nach allen Seiten, auch nach unten, aus und wird dann vom Seismometer erfasst. Ab einer Entfernung von etwa 70 Metern verschwindet das Signal jedoch im Rauschen, denn unsere Erde zittert von unzähligen anderen Erschütterungen, die sich überlagern: fahrende Busse, Bahnen oder Bauarbeiten sorgen ebenfalls für einen Ausschlag des Geräts.

Bei *Rock am Ring* machten wir dann das große Experiment: 50.000 Fans sprangen im Takt. Selbst in einem Kilometer Entfernung registrierte unser Seismometer das Auf und Ab der Menschenmasse. Aber die Stärke betrug gerade mal 0,2. Ein Mensch würde hiervon nichts spüren, denn die Energie ist, trotz der vielen Fans, weit schwächer als bei einem richtigen Erdbeben. Selbst alle 1,3 Milliarden Chinesen kämen gemeinsam hüpfend im besten Fall auf eine Stärke von knapp 3 auf der Richterskala.

Es brauchte also schon sehr viele Tyrannosaurus Rex, um ein Beben der Erde auszulösen – doch Hollywood macht's möglich!

Was ist eine
Sternschnuppe?

30 Wenn man sie nachts am Sternenhimmel entdeckt, sollen sie angeblich Glück bringen: Sternschnuppen. Doch so großartig das auch manchmal aussieht, der Grund für dieses himmlische Leuchten ist eher unspektakulär. Es handelt sich hierbei um winzige Gesteinskörner aus dem Weltraum, auch Meteore genannt, die beim Eintritt in die Erdatmosphäre verglühen. Ihre Geschwindigkeit beträgt dabei manchmal über 200.000 Kilometer pro Stunde! Obwohl diese Geschosse gerade mal einen Millimeter groß sind, ist

ihre Energie so enorm, dass sie beim ersten Kontakt mit der irdischen Luftschicht verdampfen. Beim Eintauchen in die Atmosphäre heizen sie die umgebende Luft so stark auf, dass diese zu leuchten beginnt. Was wir also sehen, ist nicht der Meteor selbst, sondern nur die heiße, leuchtende Luft, die er verursacht. Die meisten Sternschnuppen lösen sich in einer Höhe von etwa 80 Kilometern über dem Boden auf. Der Weltraum ist voll von ihnen. Unser Sonnensystem ist ein riesiges Karussell, um das sich Planeten, Kometen, Gesteinsbrocken und jede Menge Staub drehen.

Kometen sind ganz besondere »Dreckschleudern«. Auf ihrer Bahn um die Sonne lösen sich immer wieder Teile ab und so hinterlassen sie eine Spur aus Körnchen und Staub. Während ihres Umlaufs um die Sonne passiert die Erde manchmal solche »verschmutzten« Zonen und dann gibt es ein abendliches Feuerwerk an Sternschnuppen.

Von der Erde aus betrachtet, scheinen diese Sternschnuppen alle aus einer bestimmten Richtung zu kommen. Man benennt diese regelmäßig auftretenden Meteorströme nach den Sternbildern, aus denen sie zu kommen scheinen. Bekannt sind zum Beispiel die *Perseiden-Ströme*: Jedes Jahr um den 12. August passiert unsere Erde die Staubspur des Kometen *109P/Swift-Tuttle*.

Wie gut, dass im Universum keiner sauber macht! Manchmal bringt Staub nämlich auch Glück!

Wann beginnt der
Frühling?

31 Frühlingserwachen: Jedes Jahr ist das ein großartiges Schauspiel – ein wildes Balzen, Summen und Gurren. Man hat den Eindruck, die Natur ist verliebt!

Dass es überhaupt Frühling und Jahreszeiten gibt, hat nicht etwa mit dem unterschiedlichen Abstand zwischen Erde und Sonne zu tun. Wenn dem so wäre, müsste es ja überall auf der Erde dieselbe Jahreszeit geben. Doch wenn bei uns auf der Nordhalbkugel das Frühjahr erblüht, verlieren die Bäume in Neuseeland und Australien ihre Blätter, denn auf der Südhalbkugel zieht der Herbst ein.

Die Ursache für dieses Wechselspiel der Jahreszeiten hat mit der Neigung der Erdachse zu tun. Wenn bei uns Sommer ist, zeigt der nördliche Teil der Erdoberfläche Richtung Sonne. Die Tage auf der Nordhalbkugel sind lang, die Nächte kurz. Im Winter hingegen trifft weit weniger Sonnenlicht auf die Erdoberfläche. Während der dunklen Jahreszeit sind die Tage daher kurz und die Nächte lang. Auf der Südhalbkugel verhält es sich entsprechend umgekehrt.

Wir leben auf einem kosmischen Karussell: Im Laufe eines Jahres kreist unsere Erde einmal um die Sonne und legt dabei eine beträchtliche Distanz zurück. So rasen wir mit etwa 30 Kilometer pro Sekunde durch den Weltraum. Täglich dreht sich unser Planet überdies um die eigene Achse und gleicht dabei also einem Kreisel auf seiner Umlaufbahn um die Sonne. Betrachtet man beide Drehbewegungen, dann fällt eine Besonderheit auf: Die Drehachse der Erde steht nicht senkrecht auf der Bahnebene um die Sonne, sondern ist mit 23,4 ° leicht geneigt. Diese Neigung der Erdachse bleibt während des gesamten Umlaufs gleich, denn jeder Kreisel, ob klein oder groß, besitzt die Eigenschaft, dass seine Drehachse sehr stabil ist. Genau hierdurch zeigt die Nordhalbkugel im Sommer Richtung Sonne und im Winter von der Sonne weg. Verlängert man die Achse in Gedanken, dann zielt der Nordpol immer in Richtung Polarstern.

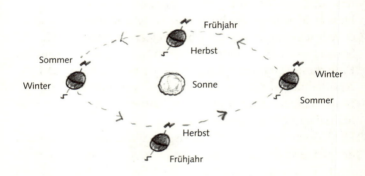

Während des Umlaufs gibt es zwei Momente, an denen Tag und Nacht exakt gleich lang sind. Und genau diese Tag- und Nachtgleiche, das sogenannte *Äquinoktium*, markiert den Beginn des astronomischen Frühlings bzw. des Herbstes. Vom Frühlingspunkt an werden die Tage länger als die Nächte und die Sonne steigt am Horizont weiter. Auf der Südhalbkugel läuft es natürlich genau umgekehrt, in Australien beginnt an diesem Tag der Herbst.

Bäume und Pflanzen verstehen wahrscheinlich nichts von Erdachsen und Astronomie, und dennoch wissen sie ganz genau, wann sie blühen sollen: wenn die Temperaturen zu steigen beginnen. Und das ist regional verschieden: Im Bergland bewegt sich der Frühling langsam die Hänge hinauf, und in den geschützten Lagen unserer Städte beginnen die Bäume sogar oft früher zu blühen als im Umland.

Die Frühlingsfront bewegt sich mit etwa 30–40 Kilometer pro Tag Richtung Norden. Sobald die Apfelbäume blühen und die Fliedersträucher duften, herrscht Vollfrühling – sagen die Biologen. Wann er genau kommt, kann niemand sagen – aber dass er kommt, ist sicher.

Warum ist eine Sonnenfinsternis so selten im Vergleich zu einer Mondfinsternis?

32 Am 11. August 1999 gab es die erste und letzte totale Sonnenfinsternis, die ich in Deutschland beobachten konnte. Ein Jahrhundertereignis, das ich natürlich nicht verpassen wollte. Nie habe ich lauter über unser Wetter geflucht und die Wolken verdammt als an diesem Tag: In strömendem Regen verdunkelte sich zwar der Himmel, doch ich verpasste ein spektakuläres astronomisches Ereignis. Ich war zur richtigen Zeit am falschen Ort! Mondfinsternisse gibt es ja fast jedes Jahr, und schon öfter bin ich in den Genuss gekommen, dieses Phänomen zu beobachten, doch eine totale Sonnenfinsternis ist äußerst selten. Falls ich in meinem Leben ein solches Ereignis erleben möchte, muss ich weit reisen.

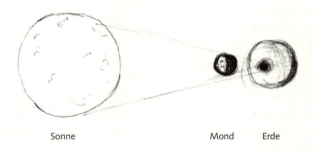

Sonne   Mond   Erde

102

Bei einer Sonnenfinsternis schiebt sich der Mond genau zwischen uns und die Sonne. Es bildet sich ein Schatten, der sich dann über unseren Planeten bewegt. Da der Mond jedoch kleiner als die Erde ist, wird nie die gesamte Erde abgedunkelt, sondern nur ein kleiner Teil. Diese Kernschattenzone, also der Bereich, in dem das Sonnenlicht völlig abgedeckt wird und man eine totale Sonnenfinsternis beobachten kann, ist daher sehr klein. Ihr Durchmesser beträgt knapp über 100 Kilometer. Man muss also sehr viel Glück haben, um genau an dieser Stelle zu stehen, wenn sich die Sonne verdunkelt. Selbst im Lauf von tausend Jahren gibt es immer noch Orte auf der Erde, die nie eine Sonnenfinsternis erlebt haben!

Es gibt aber nicht nur totale, sondern auch partielle Sonnenfinsternisse. Die sichtbare Größe des Mondes ändert sich, denn der Mond kreist auf einer elliptischen Bahn um die Erde. Manchmal, wenn er unserem Planeten näher steht, wirkt er größer und am erdfernen Ende erscheint er uns kleiner.

Auch unser Heimatplanet umrundet die Sonne auf einer elliptischen Bahn und auch diese Bahn führt dazu, dass die scheinbare Größe unserer Sonne schwankt. Im himmlischen Uhrwerk kommt es immer wieder zu der besonderen Konstellation, in der der Mond sich so zwischen Sonne und Erde schiebt, dass es zu einer Finsternis auf der Erde kommt. Doch je nach Position von Erde, Mond und Sonne kommt es dabei zu unterschiedlichen Abdeckungen:

Wenn die Sonne besonders groß erscheint und der Mond klein, kann der Mond die Sonne nicht vollständig abdecken. Das Ergebnis ist dann eine ringförmige Sonnenfinsternis.

Im umgekehrten Fall, wenn die Sonne klein und der Mond groß erscheinen, kann es zu einer totalen Sonnenfinsternis kommen. Dass es überhaupt diese beiden Formen gibt, liegt also daran, dass Mond und Sonne von der Erde aus betrachtet annähernd gleich groß erscheinen.

Bei einer Mondfinsternis kommt es ebenfalls zu einer Abschattung: Dieses Mal schiebt sich die Erde zwischen Sonne und Mond und schattet so unseren Erdtrabanten vom Sonnenlicht ab. Unsere Erde ist jedoch sehr viel größer als der Mond. Ihr Schatten auf dem Mond ist daher so groß, dass sich der gesamte Mond verdunkeln kann. In solchen Nächten beobachten wir eine totale Mondfinsternis.

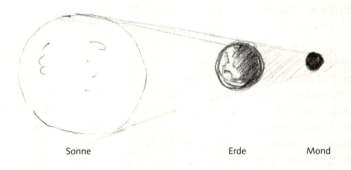

Sonne　　　　　　　　　　　Erde　　　　Mond

Der Größenunterschied zwischen Erde und Mond ist also der Grund für die häufigen Mond- und die seltenen Sonnenfinsternisse. Unsere Erde wirft einen größeren Schatten auf den Mond als umgekehrt. Der wahre Genuss setzt eines voraus: klaren Himmel!

Warum zieht es oft in der Nähe von **Hochhäusern?**

33 Der Kölner Dom zählt zu meinen Lieblingsbauwerken. Die imposante Kathedrale fasziniert mich immer wieder von Neuem. Sie symbolisiert Beständigkeit in einer Welt des zu raschen Wandels. Auf dem Platz davor zieht es wie Hechtsuppe (eine Ableitung aus dem Jiddischen: »hech supha«, was so viel bedeutet wie »wie eine Windsbraut«, also »wie ein Orkan«). Dieses Phänomen kann man auch an Hochhäusern beobachten, wo oft ein starker Wind weht, selbst wenn es in der restlichen Stadt fast windstill ist.

Wenn die Sonne scheint, heizt sich der Boden auf. Großstädte sind oft wärmer als das Umland, denn Gebäude aus Beton und Stahl heizen sich schneller auf als umliegende Wiesen, Wälder oder Seen. Die warme Stadtluft steigt nach oben und saugt die kühle Luft des Umlands in die Stadt hinein. Beim Erreichen der Stadtgrenze wird die Luft durch die hohen Bauten zunächst abgebremst. Dort aber, wo sie in Straßenschluchten gelangt, beschleunigt sie plötzlich wieder, denn die Gebäude und Straßen wirken hier wie ein Trichter, der den Raum verengt. Das gesamte Luftvolumen muss durch die engen Straßen und wird dabei schneller. Trifft der beschleunigte Wind nun auf Hindernisse wie Hauskanten, kommt es zu Verwirbelungen. In der Nähe von Kreuzungen oder an den Ecken von großen Gebäuden ist dieser Effekt besonders intensiv und unangenehm: Hier zieht es gewaltig. In Großstädten wie Frankfurt hat man es gemessen: Die Windgeschwindigkeiten können an Ecken entlang einer Straße um das Zehnfache ansteigen.

Große Kathedralen wirken sogar wie ein Segel, fangen die Höhenwinde ein und lenken sie nach unten ab. Besonders zugig sind auch Hochhäuser, unter denen man durchgehen kann. Sie sind ein idealer Trichter; an manchen Tagen presst der gesamte Wind durch die Unterführung. Bei einer leichten Brise in der Stadt hat man in solchen Passagen schon Windgeschwindigkeiten von 150 km/h gemessen!

Der Windverlauf wird in der modernen Städteplanung immer mehr berücksichtigt. In einem speziellen Windkanal bauen Wissenschaftler Straßenzüge realer Großstädte maßstabsgetreu nach und analysieren dann das Windgeschehen im Kleinen. Hierdurch erkennt man schon im Vorfeld, wie ein Neubau den Wind in der Stadt beeinflusst. *Urban breeze* nennt man das Phänomen. Meinem Kölner Dom gefällt wahrscheinlich der Begriff »Hechtsuppe« besser.

Kann man im Moor untergehen?

34 Über kaum eine Landschaft kursieren so viele gespenstische Geschichten wie über das Moor. Kann man im Moor untergehen? Glaubt man den Erzählungen, dann ganz bestimmt. Immer weiter, so heißt es, wird man vom Morast nach unten gezogen, und je mehr man strampelt, umso chancenloser ist man – ein grausamer Tod.

Doch das Schöne an der Wissenschaft ist der Zweifel, und daher habe ich es selbst ausprobiert.

Geschützt durch einen Taucheranzug und in Begleitung eines zuverlässigen Partners, erkundete ich das Teufelsmoor in der Nähe von Bremen. Moore sind ökologische Übergangszonen zwischen Land und Wasser. Sie entstehen durch einen enormen Wasserüberschuss, der zum Beispiel durch ständige Niederschläge hervorgerufen wird. Durch die dichte Moordecke kommt es zu einem Sauerstoffmangel, der zu einem unvollständigen Abbau von Pflanzenresten führt, die sich dann als Torf ablagern. Durch die Anhäufung von Torf wächst die Oberfläche von Mooren im Laufe von Jahrzehnten in die Höhe. Das Moor hat keinen festen Boden, sondern ist eine zugewachsene Wasserfläche, die bei jedem Schritt nachgibt. Doch in der dünnen Schicht, die auf der wässrigen, schlammigen Unterlage liegt, gibt es an lokalen Stellen Löcher. Gerade diese schwer wahrnehmbaren Schlammlöcher gelten als extrem gefährlich.

Bei unserem Experiment gab es interessanterweise zwei Fraktionen: Die eine glaubte den alten Geschichten, die andere, zu der ich gehörte, vertraute den Gesetzen der Physik. Bislang wurde ich noch nie von den Naturgesetzen enttäuscht, doch bei diesem Experiment spürte ich deutlich, wie ich gegen ein breites Vorurteil angehen musste.

Zudem lief bei meinem Experiment anfänglich alles so, wie befürchtet: Ich ließ mich in ein Moorloch fallen und versank prompt. Solche Szenen sind für gierige Kameras ideal: Dramatische Musik, Moderator geht unter. Wo blieben die Naturgesetze, denen ich so sehr vertraute? Nach der ersten Schrecksekunde eilten sie mir zu Hilfe: Ich sank, jedoch nicht sehr tief. In den Augen des Regisseurs sah ich Enttäuschung und Überraschung. Selbst beim Strampeln sank ich nicht tiefer. Ich ging nicht im Moor unter, die Physik hatte gewonnen. Der Grund hierfür liegt im Auftrieb. Objekte, die »leichter« als Wasser sind, schwimmen, wohingegen schwere Dinge untergehen. Betrachtet man es genauer, dann kommt es nicht auf das Gewicht, sondern auf die Verdrängung an: Ein schwimmendes Objekt verdrängt genau die Menge an Wasser, die seinem eigenen Gewicht entspricht. Große Schiffe schwimmen daher, denn durch ihre Form verdrängen sie viel Wasser, obwohl sie aus schwerem Stahl gebaut sind. Der Auftrieb resultiert also direkt aus der entsprechenden Verdrängung. Ändert sich das umgebende Medium, hat dies einen direkten Einfluss auf den Auftrieb. Je höher die Dichte des umgebenden Mediums ist, desto größer ist der Auftrieb. Im stark salzhaltigen Wasser des Toten Meeres zum Beispiel schwimmt man von alleine und kann im Liegen Zeitung lesen. Das Salzwasser besitzt eine höhere Dichte, daher muss unser Körper weniger Salzwasser verdrängen, um zu schwimmen.

Der Schlamm im Moor ist weit dichter als dieses Salzwasser und somit ist der Auftrieb noch wesentlich größer. In diesem

schweren Morast kann man also nicht vollständig untergehen.
Als wir später diesen Moorversuch in einer Sendung zeigten, konnten viele Zuschauer es immer noch nicht glauben. Ein kleines Mädchen schrieb mir eine E-Mail und bat um eine Demonstration, denn ihre Lehrerin hatte den Kindern erzählt, dass dieses Experiment lebensgefährlich sei. »Im Moor geht man unter – glaubt mir!!«
Einige Tage später machte die Schülerin folgenden Versuch mit einer gefüllten Wasserflasche aus Kunststoff:

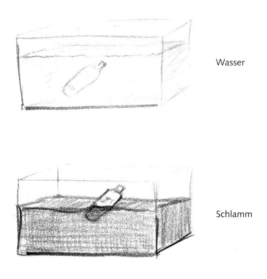

Wasser

Schlamm

In normalem Wasser geht die Flasche leicht unter, doch in einem Schlammbecken schwimmt sie und steigt selbst dann wieder auf, wenn man sie nach unten drückt. Die Dichte des Schlamms ist eben höher und bewirkt so den größeren Auftrieb der Flasche.

Das Experiment überzeugte wohl auch die kritische Lehrerin!
»Aber was ist mit den bekannten Moorleichen? Haben die
nicht im Moor ihr Leben verloren?«, werden Sie jetzt denken.
Tote, die man im Moor gefunden hat, sind meist durch andere Umstände ums Leben gekommen. Viele Leichen wurden
mit Steinen beschwert, damit sie untergingen. Das Moor
konserviert sehr gut und daher findet man noch nach Jahrzehnten verhältnismäßig gut erhaltene Leichen.
Beim nächsten Krimi, wenn wieder gefährlicher Nebel über
dem Moor liegt und schreiende Opfer im Morast versinken,
dürfte nun klar sein, dass der Regisseur nichts von der Physik
des Auftriebs versteht!

Wie entsteht
Schwerelosigkeit?

35 Ich würde meinen Job sofort an den Nagel hängen, wenn ich die Chance eines Weltraumfluges bekäme! Einmal unseren Planeten aus dieser Perspektive zu sehen, muss eine nachhaltige Erfahrung sein – und dann das Phänomen »Schwerelosigkeit«! Schwebende Astronauten sind etwas Wunderbares. Doch wie erreicht man Schwerelosigkeit?

Die Antwort darauf ist nicht so einfach, denn Schwerelosigkeit kann man nicht künstlich erzeugen. Es gibt kein Labor hier auf der Erde, wo man einen Schalter umlegt und dann schwebt alles. Auch unsere Vorstellung vom Flug in den Weltraum täuscht, denn die winkenden Astronauten in der Weltraumstation schweben nur wenige Hundert Kilometer über der Erde. Streng genommen umkreisen sie unseren Planeten aus nächster Nähe – und dennoch schweben sie.

Die Schwerkraft entsteht dadurch, dass Massen sich gegenseitig anziehen. In diesem Moment, in dem Sie dieses Buch lesen, zieht die Erde mit ihrer großen Masse an Ihrem Körper und sorgt dafür, dass Sie Ihre Bodenhaftung behalten. Jedes Objekt, das Masse besitzt, Sie, das Buch, welches Sie gerade lesen, der Stuhl, auf dem Sie sitzen, auf alles wirkt die Gravitationskraft, alles wird von der Erde angezogen. Isaac Newton erkannte als Erster, dass die Kraft, die den Apfel zu Boden fallen lässt, dieselbe ist wie diejenige, die Erde und Mond miteinander verbindet.

Sind die Massen, die sich gegenseitig anziehen, kleiner, so reduziert sich auch die Kraft.
Da der Mond nur ein Einundachtzigstel der Erdmasse aufbringt, ist die Anziehungskraft auf unserem Erdtrabanten deutlich kleiner. Das konnte man an den hüpfenden Mondastronauten auch gut erkennen.
Je größer der Abstand zwischen zwei Massen, desto geringer ist die gegenseitige Anziehung. Um also wirklich schwerelos zu sein, müssten wir uns weit, weit weg von allen Massen im Universum aufhalten, damit ihre Anziehungskraft fast verschwindend gering würde, doch so weit ist noch nie ein Mensch gereist.
Es gibt jedoch einen Trick: der freie Fall.

Mithilfe einer durchsichtigen Filmdose kann man es leicht beobachten: Im Innern befinden sich Wasser und Luft. Da das Wasser in der Dose mehr Masse besitzt als die Luft, wird das Wasser stärker nach unten gezogen. Durch die irdische Schwerkraft ist also die leichte Luft oben, das Wasser hingegen unten. Doch sobald man die Dose in die Luft wirft, bildet sich im Innern, und zwar in der Mitte, eine Luftblase. Wasser und Luft scheinen im freien Fall also gleich schwer zu sein. Es gibt keinen Kräfteunterschied mehr, daher ist die Luft nicht mehr oben und das Wasser nicht mehr unten. Zwischen Luft und Wasser herrscht also ein Zustand der Schwerelosigkeit, und zwar so lange, bis die Dose wieder landet.

Im freien Fall spürt man eben nicht mehr die unterschiedliche Wirkung der Erdanziehung. Wäre die Dose um ein Vielfaches größer, könnten auch Sie darin mitreisen und während des freien Falls würden Sie schweben, genauso wie Wasser oder Luft. Je weiter oder höher die Dose geworfen würde, desto länger befänden Sie sich im freien Fall und desto länger herrschte in der Dose der Zustand der Schwerelosigkeit.
Hätte die Dose keine Fenster und wüssten Sie somit nicht, dass Sie sich gerade im freien Fall befinden, wären Sie davon überzeugt, vollkommen zu schweben. Der Unterschied der Kräfte, mit der die Gravitation an Ihnen, am Wasser oder an der Luft zerrt, wäre nicht spürbar, denn alles wäre plötzlich gleich schwer, oder besser gleich schwerelos.
Gesetzt den Fall, man würde die Dose Tausende Kilometer weit werfen können, dann würde sie in einem weiten Bogen,

man nennt diese Form auch Parabel, von einem Kontinent zum anderen fliegen, und während des gesamten Fluges würden Sie im Innern der Dose schweben wie ein Astronaut. Wenn man dieses Gedankenexperiment weiterspinnt und die Dose noch weiter wirft, würde sie irgendwann so weit fliegen, dass die Krümmung der Erde eine Rolle spielt. Die Dose fällt, doch aufgrund der Erdkrümmung landet sie nicht auf dem Boden, sondern umkreist unseren Planeten. Im Innern

herrscht dann beständig der Zustand der Schwerelosigkeit. Machen Sie die Dose in Gedanken noch größer, dann haben Sie die kreisende Weltraumstation mit ihren schwebenden Insassen. Alle 90 Minuten rast sie um unseren Planeten. Sie muss so schnell sein, denn sonst würde sie wieder auf die Erde sinken. Astronauten schweben also, weil sie ständig fallen!

Kann ein Aufzug abstürzen?
Technik für Anfänger

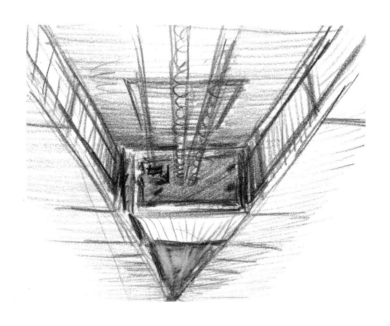

Hilft es, am **Automaten** die **Münze** zu reiben?

36 Es gibt da ein sonderbares Phänomen, das man an Automaten beobachten kann: Kratzspuren neben dem Einwurfschacht. Viele Menschen glauben, dass es hilft, wenn man die Münze am Automaten reibt, bevor man sie einwirft. Doch haben sie recht?

In der Theorie gibt es keine Erklärung, warum die geriebene Münze vom Automaten eher angenommen werden sollte. Daher bleibt nur wieder der praktische Test: Den haben wir mit hundert gebrauchten Münzen gemacht: Zuerst haben wir die Geldstücke eingeworfen, ohne zu reiben. Ergebnis: Von hundert Stück fielen vier durch. Dann haben wir sie gerieben: Von hundert Münzen fielen sogar fünf durch!

Reiben oder nicht reiben macht also praktisch keinen Unterschied. Ob eine Münze angenommen wird oder nicht, hängt vom Material und vom Durchmesser ab.

Über ein System von Spulen wird im Automaten ein elektromagnetisches Feld erzeugt. Da die Münze aus Metall besteht, verändert sie beim Durchrutschen dieses Feld. Mit dieser kleinen Feldänderung lässt sich das Material ganz genau bestimmen. Falschmünzen haben eine andere Zusammensetzung und beeinflussen das Feld anders. Daher fallen sie durch.

Bei jedem Einwurf übermittelte unser Gerät insgesamt neun Messwerte an einen Computer: die acht Werte der Spulen, welche die Münze elektromagnetisch abtasten, und den

Durchmesser der Münze. Der Münzprüfer unterscheidet nicht zwischen geriebenen und ungeriebenen Münzen – und dennoch glauben viele Menschen, dass das Reiben der Münzen hilft. Das hat mit Psychologie und Einbildung zu tun. Wenn die Münze in Ordnung ist, wird sie in den meisten Fällen akzeptiert, und wir sind zufrieden. Doch jetzt haben wir den Fall: Die Münze fällt durch. Das kann vorkommen, denn der Münzprüfer ist so empfindlich eingestellt, dass er lieber mal eine echte Münze ablehnt, statt eine Falschmünze zu akzeptieren. Die Münze ist gerade durchgefallen und jetzt setzt bei uns ein interessanter Reflex ein: Wir reiben. Beim wiederholten Einwurf wird die Münze prompt akzeptiert. Bitte schön: Wir fühlen uns bestätigt und verbinden so den erfolgreichen Einwurf mit dem Reiben. Wir hätten die Münze auch hochwerfen können, bevor wir sie erneut einwarfen und würden dann glauben: Werfen hilft, obwohl die beiden Vorgänge nichts miteinander zu tun haben.

Ob gerieben oder nicht: In der Mehrzahl aller Fälle akzeptiert der Automat die Münze beim wiederholten Einwurf. Wer vorher gerieben hat, glaubt natürlich an den positiven Effekt. Aus dieser Falle der Selbsttäuschung kommt man nur schwer wieder heraus.

Das Ganze erinnert mich an den Mann, der dauernd schnippte: »Warum tust du das?« – »Das hält die Eisbären ab!« – »Die sind doch Tausende Kilometer entfernt!« – »Siehst du, es hilft!«

Kann ein
Aufzug abstürzen?

37 Aufzug fahren: Das Leben hängt am Stahlfaden, plötzlich ein Ruck – und dann ein Horrortrip. Zumindest im Film ist das manchmal so. Doch kann dieses Szenario Wirklichkeit werden?

Bis zur Mitte des 19. Jahrhunderts wohnten die Reichen noch unten, in der Beletage, dem »schönen« Stockwerk. Das Personal und die ärmeren Mieter mussten Treppen steigen. Doch die Städte wuchsen rasant, die Häuser wurden immer höher und die ersten Aufzüge wurden installiert. Zwar wurden Lasten schon lange mit Winden und Zügen nach oben befördert, doch die Angst vor dem Seilriss und dem möglichen Absturz war groß.

Im Jahr 1854 gab es einen Durchbruch: Der Mechanikermeister Elisha Graves Otis demonstrierte während der Industrieausstellung im New Yorker Kristallpalast einen neuartigen »Sicherheitsaufzug«. Otis ließ sich auf einer Plattform in die Höhe ziehen. Dann wurde das Seil durchtrennt. Doch statt in die Tiefe zu stürzen, blieb die Plattform nach wenigen Zentimetern in den Führungsschienen stecken. Der Aufzug stürzte nicht ab und Otis' System wurde schnell zu einem lukrativen Standard. Die Sicherheitsbremse wurde zwar im Laufe der Jahre abgewandelt, doch das Prinzip der Fangvorrichtung findet sich noch heute in fast allen modernen Aufzügen: Im Maschinenraum über dem Fahrstuhlschacht befindet sich ein spezielles Rad, der sogenannte Geschwindigkeitsbegrenzer. Um dieses Rad herum liegt ein Sicherheitsseil, das mit der Fahrstuhlkabine verbunden ist. Es sorgt dafür, dass sich das Rad dreht, wenn der Aufzug rauf- oder runterfährt.

Und jetzt stellen wir uns vor, das Hauptseil würde reißen: Der Fahrstuhl fällt nach unten, wird schneller. Am Sicherheitsseil entsteht ein Zug, der die Fangvorrichtung in den Führungsschienen aktiviert: Das Rad des Geschwindigkeitsbegrenzers rastet sofort ein. Durch den Zug am Sicherheitsseil wird der Fahrkorb an den Aufzugführungsschienen festgeklemmt und mechanisch bis zum Stillstand gebremst. Das System ist sicher und so gibt es hierzulande keinen Fall, bei dem ein Aufzug im Betrieb jemals abgestürzt ist.

Aufzüge werden zudem immer weiterentwickelt. Ab einer Höhe von etwa 600 Meter werden die Stahlseile so lang, dass sie unter ihrem Gewicht reißen könnten. Daher nutzt man in den überdimensionierten Wolkenkratzern der Neuzeit andere Verfahren, doch auch hier findet sich eine sichere Fangvorrichtung.

Der Horrortrip findet also nur im Film statt: Selbst wenn Sie mal stecken bleiben – keine Sorge, der Aufzug stürzt nicht ab!

Macht es einen Unterschied, ob ich gegen einen Baum oder gegen ein entgegenkommendes Fahrzeug **pralle?**

38 Stellen Sie sich vor, Sie fahren auf einer Landstraße und auf der eigenen Spur kommt Ihnen ein baugleiches Fahrzeug entgegen und Sie haben jetzt die Wahl: Baum oder entgegenkommendes Fahrzeug. Macht es für die Stärke des Aufpralls einen Unterschied, ob Sie mit einer starren Wand oder einem gleich schnell entgegenkommenden Fahrzeug zusammenstoßen?

Wir haben das Experiment gewagt, allerdings ganz ungefährlich und genau dort, wo Zusammenstöße erwünscht sind: Auf der Kirmes im Autoscooter. Zunächst testeten wir den direkten Aufprall gegen die Bande: Beim Rückstoß blieb unser Scooter erst 3,23 Meter von der Bande entfernt wieder stehen. Dieser Abstand ist ein Maß für die Kollisionsenergie. Zum Vergleich simulierten wir beim zweiten Mal einen Frontalcrash: Damit beide Autos exakt gleich schwer waren, setzten wir Zwillinge ans Steuer. Und wiederum maßen wir, nach welchem Abstand beide Fahrzeuge nach dem Zusammenstoß wieder zum Stehen kamen. Das Ergebnis lautete 6,4 Meter, die Autos waren also jeweils 3,2 Meter zurückgeprallt.

Zwar ist die relative Geschwindigkeit beim zweiten Crash doppelt so hoch, doch die Aufprallenergie wird auf beide Fahrzeuge verteilt. In der Theorie macht es also keinen Unterschied, für welche der beiden Optionen – Baum oder Fahrzeug – Sie sich entscheiden, vorausgesetzt, das entgegenkommende Fahrzeug ist gleich schnell und gleich schwer. Bei einem Lkw sähe das Ergebnis natürlich anders aus. In der Praxis gibt es aber einen entscheidenden zusätzlichen Aspekt zu beachten: Im entgegenkommenden Fahrzeug sitzt mindestens eine Person, die beim Aufprall in Mitleidenschaft gezogen würde. Der Baum ist also eigentlich immer die bessere Alternative.

Warum gibt es Hoch-spannungsleitungen?

39 Früher mussten viele Betriebe und Fabriken den Strom mithilfe eigener Generatoren noch selbst herstellen. Doch heute kommt er übers Netz. Der Strom aus der Steckdose hat eine Spannung von 220–240 Volt. Für die Übertragung von Strom nutzt man Hochspannungsleitungen. Warum?

Der Grund ist der sogenannte Spannungsabfall: Nehmen wir zum Beispiel eine Autobatterie mit zwölf Volt, also verhältnismäßig niedriger Spannung, mit deren Hilfe wir eine Reihe von Lämpchen zum Leuchten bringen. Je weiter der Leitungsweg, desto fahler brennt das Licht. Jeder Stromleiter ist nämlich auch ein elektrischer Widerstand, und je länger der Übertragungsweg ist, desto stärker fällt die Spannung ab.

In den Anfängen der Elektrifizierung wollte man diesem Problem zunächst mit besonders dicken Leitungen begegnen, denn je größer der Leitungsquerschnitt, desto geringer der Spannungsabfall.

Eine wesentlich bessere Alternative ist jedoch die höhere Übertragungsspannung. In diesem Fall kann man auf die dicken und teuren Leitungen verzichten, denn das klappt auch mit dünneren Leitungen. Doch hierfür muss der Strom per Transformator von niedriger auf hohe Spannung von mehreren Tausend Volt umgewandelt werden. Dieser Umwandlungsprozess klappt jedoch nur mit sogenanntem Wechselstrom, weshalb Ihre Steckdose zu Hause im Gegensatz zur Batterie keinen festen Plus- und Minuspol hat.

Im 19. Jahrhundert, zu Beginn der Elektrifizierung, brach in den USA ein erbitterter Kampf zwischen Thomas Alva Edison, dem bekannten Erfinder der Glühlampe, und seinem Widersacher George Westinghouse aus. Edison wollte niedrige und Westinghouse mithilfe von Transformatoren hohe Spannungen erzeugen, um den Strom über größere Distanzen zu leiten. Das Wechselstromprinzip von Westinghouse hatte einen bestechenden Vorteil: Dünnere Stromleitungen besaßen weniger Kupfer und waren somit erheblich billiger.

Es kam zu einem regelrechten Stromkrieg: Im März 1886 zeigten Westinghouse und seine Mitarbeiter zum ersten Mal, dass sie mit ihrer Methode Strom aus einem Kraftwerk über eine Meile weit transportieren konnten. Das Experiment erregte Aufsehen, und die Hochspannungsübertragung von Westinghouse war in aller Munde. Schamlos begann nun Edison mit einem Propagandafeldzug gegen seinen Widersacher. Er verklagte ihn wegen angeblicher Patentverletzungen und demonstrierte in aller Öffentlichkeit, wie gefährlich Hochspannung sei. Dabei ließ er Katzen und Hunde per Hochspannung töten und entwickelte sogar den ersten elektrischen Stuhl! Edison, der noch heute als großer Erfinder gefeiert wird, war ein schamloser Opportunist, der über Leichen ging. Er forcierte die Anwendung des elektrischen Stuhls und nach der ersten furchtbaren Hinrichtung eines Menschen, am 6. August 1890, schlug Edison den Begriff »to westinghouse« für die Hinrichtung auf dem elektrischen Stuhl vor! Immerhin war doch auch die Guillotine nach ihrem Erfinder, dem französischen Arzt Joseph-Ignace Guillotin, benannt worden. Trotz dieser infamen Kampagne hatte Edison keinen Erfolg und das Wechselstromprinzip von Westinghouse setzte sich durch.

Der Schuss in die Luft – wie schnell ist die Kugel beim Fall?

40 Bei feierlichen Anlässen sind Sie vielleicht schon mal zusammengezuckt, weil munter in die Luft geschossen wurde. Doch haben Sie sich schon einmal gefragt, was passiert, wenn die Kugel wieder zu Boden fällt?

Ein klassisches Beispiel ist der Salut. Er ist eine der letzten militärischen Traditionen, je nach Wichtigkeit wurde früher mal mehr, mal weniger geschossen: 7 Schuss für den Konsul, 17 für den General, 19 für Botschafter und sogar 33 Schuss für den Kaiser! Noch heute wird geschossen, doch – und das hat einen triftigen Grund – ohne Geschoss!

Wenn man mit einer Pistole in die Luft schießt, dann tritt die Kugel mit immerhin 1.500 km/h aus dem Lauf. Per Hightech kann man die Kugel sogar verfolgen, und das, obwohl sie gerade mal neun Millimeter klein ist. Die in einem Versuch verwendete Spezialmunition hinterließ eine Wärmespur, die man zunächst per Infrarotkamera etwa zwei Sekunden lang sehen konnte. Danach erkannte man die Bahn immer noch im Radar. Die Kugel stieg zunächst immer höher und wurde dabei langsamer. Nach etwa 13 Sekunden erreichte sie eine Höhe von 1,1 Kilometer und für den Bruchteil einer Sekunde stand sie am höchsten Punkt. Dann folgte der freie Fall nach unten. Dabei wurde die Kugel natürlich immer schneller. Doch aufgrund der Luftreibung erreichte sie nie ihre Anfangsgeschwindigkeit. Nach 42 Sekunden schlug sie mit 350 km/h am Boden auf.

Bei herabfallenden Geschossen bietet unser Schädel die größte Angriffsfläche. Anhand einer Spezialmunition mit verringerter Treibladung kann man die Wirkung testen. Die Aufschlagsgeschwindigkeit liegt hier, wie bei der fallenden Kugel, bei 350 km/h. Ein Gelatine-Block mit künstlicher Knochenplatte beweist es: Die Kugel würde immer noch die Schädeldecke durchschlagen.

Die zurückkehrende Kugel ist also langsamer als die abgeschossene, doch sie ist immer noch sehr gefährlich. Daher gibt's heute den Salut – ohne Kugel!

Wird der Traum vom **Beamen** irgendwann Wirklichkeit?

41 »Der Weltraum, unendliche Weiten ...« Mit diesen Worten startete jeden Samstagnachmittag die Kultserie meiner Kindheit. Die Crew des Raumschiffs Enterprise durchquerte das Fernsehuniversum auf der Suche nach Abenteuern und fremder Intelligenz und meistens stieß sie auf beides!

Im Dienste der Dramaturgie strapazierte die Enterprisefamilie dabei schon mal die klassischen Gesetze der Physik. Bei ihrer Reise durch seltsame Wurmlöcher und unerklärte Kausalitätsschleifen wehrte sich die tapfere Crew mit Schutzschilden und Phaserstrahlen gegen feindliche Romulaner oder machte sich mit Warp-Geschwindigkeit aus dem kosmischen Staub. In besonders spannenden Momenten gab der verfolgte Kapitän Kirk das Kommando »Beamen Sie mich an Bord, Scotty!« In wenigen Sekunden »dematerialisierte« sich dann sein Körper, um an sicherer Stelle unter einem glimmenden Zischen aus dem Nichts wieder aufzutauchen. Diese ganz andere Form des Reisens ist der Traum vieler Manager. Keine zeitraubenden Interkontinentalflüge, keine unbequemen Hotelbetten und abends beamt man sich zum Gutenachtkuss an das Kinderbett!

Vor einigen Jahren hatte ich das Glück, auf einer Konferenz in Los Angeles einige Special-Effect-Leute aus Hollywood kennenzulernen, darunter auch Dan Curry, den *visual effects supervisor* von Star Trek. Es ging bei unserem Zusammen-

126

treffen um die reizvolle Grenze zwischen Fiktion und Wirklichkeit. Wir diskutierten über viele Effekte, zum Beispiel, dass Explosionen im Weltraum lautlos sein müssten und dass blinkende Positionslichter auf Raumschiffen kein Zeichen besonderer Intelligenz sind. Natürlich nahmen wir die Dinge nicht allzu ernst und lachten viel. Dan verriet uns eine Reihe von Effekten und zeigte, wie man mit Milchpulver und alten Plastikdosen verblüffend realistische Filmszenen zaubern kann. Er nutzte bei seinem Vortrag meinen Laptop und überließ mir sogar einige Zeichnungen der Enterprise! Bei dieser Konferenz bestritt ich mit dem Physiker Lawrence Kraus den »wissenschaftlichen« Teil. Lawrence, der ein begeisterter Science-Fiction-Fan ist, hatte sich detailliert mit der Physik des Beamens auseinandergesetzt.

Sein Ergebnis ist ernüchternd: Stellen Sie sich vor, Sie würden sich an Ihr Reiseziel beamen lassen. Hierbei müsste der exakte Zustand aller Atome Ihres Körpers erfasst, dann übertragen und am Zielort wieder rematerialisiert werden. Da Sie nach Ihrer »Reise« noch die gleiche Person sein sollten, darf es zu keinem Durcheinander der Atome kommen. Die Beamtechnik benötigt daher für jedes einzelne Ihrer Atome neben der exakten Raumposition auch die Bindung zum Nachbaratom, den jeweiligen Energiezustand usw. Pro Einzelatom füllt diese Information etwa eine Schreibmaschinenseite. Atom für Atom summiert sich das auf ein Datenvolumen von etwa 10^{28} Kilobyte! Würde man diese Informationsmenge auf heutigen Festplatten zwischenspeichern, müsste man so viele davon aufeinanderstapeln, dass diese Säule ein Drittel der Strecke bis zum Zentrum der Milchstraße messen würde!
Der Datentransfer zum Zielort ist ein weiteres Problem. Mit der besten heutigen Übertragungstechnik (100 Mbit/s) würde die Übermittlung ihrer Körperdaten etwa das Zweitausendfache des Alters des Universums benötigen. Und dann

bleibt eine Begleiterscheinung immer noch problematisch: Ihr Körper löst sich beim Beamen vollständig in Energie auf. Bei dieser Transformation von Masse zu Energie ($E=mc^2$) wird das Äquivalent von tausend Wasserstoffbomben freigesetzt!

Fazit: Das Beamen ist unmöglich! Trotz dieses Befundes gab es keinerlei Traurigkeit – im Gegenteil: Wir verbrachten einen langen Abend und spekulierten über andere Beam-Alternativen durch exotische Wurmlöcher und Paralleluniversen in unendliche Weiten ...

Warum haben Elefanten so große Ohren?

Das geheime Leben der Tiere

Was steckt hinter dem Vogel-V?

42 »Sie sind da! Schaut raus, Kinder – das Frühjahr beginnt!« Mit einem ansteckenden Gemisch aus Fernweh und Begeisterung zeigte meine Mutter nach oben auf die rückkehrenden Wildgänse. In einem großen »V« flogen sie über uns hinweg und natürlich spekulierten wir alle darüber, warum die Zugvögel diese sonderbare Formation einnahmen. Jedes Frühjahr gab es eine andere Erklärung. »Dadurch haben die Tiere eine bessere Orientierung«, meinte mein Vater, und einmal behauptete meine Schwester: »Das tun die Vögel nur, um Mama zu gefallen ...!«

Was aber war der Grund für dieses seitliche Nebeneinander, bei dem sich die Flügel der Vögel fast berührten? Ich gebe zu, dass ich erst spät an die naheliegende Lösung dachte: Energieersparnis!

Vögel und auch Flugzeuge bilden an ihren Flügelenden große Luftwirbel, durch die ein Teil ihrer Energie ungenutzt verloren geht. Doch die Tiere spüren, dass es in diesen Wirbelschleppen eine Aufwindzone gibt. So nutzen die Zugvögel diesen zusätzlichen Auftrieb während ihrer langen Reise in die entfernten Sommerquartiere. Theoretische Berechnungen offenbaren einen weiteren Effekt: Bei dieser Flugtechnik scheinen die älteren Vögel ihre Jungen im unsichtbaren Schlepptau des Wirbels mit sich zu ziehen.

In einem riskanten Versuch stellten Wissenschaftler den gefiederten Verbandsflug mit richtigen Flugzeugen nach. Die

Testpiloten schafften jedoch nicht, was den schnatternden Gänsen auf Anhieb gelang. Erst mit komplizierten zusätzlichen Steuersystemen konnte der kritisch enge Abstand zwischen den benachbarten Tragflächen eingehalten werden.

Die V-Formation ergab im Test eine spektakuläre Energieersparnis. Der Treibstoffverbrauch wurde um bis zu 15 % reduziert.

Es wäre bestimmt reizvoll, die Vorzüge des V-Fluges auf den Linienverkehr zu übertragen. Interkontinentale Flugzeugverbände überqueren gemeinsam und friedlich Länder und Ozeane ... – aber noch ist man nicht so weit.

Wenn Sie bei Ihrem nächsten Flug aus dem Fenster schauen, dann sehen Sie am Ende der Tragfläche die heutige Alternative zum schnatternden Nachbarn: Ein kosmetischer Knick am Flügelende. Dieser sogenannte *Winglet* verkleinert die ungenutzte Wirbelschleppe. Seine Form ist je nach Flugzeugtyp unterschiedlich und damit spart man im optimalen Fall etwa 2 % Treibstoff – bei einem Langstreckenflug immerhin mehrere Tonnen Kerosin!

Die Aerodynamiker sind stolz auf diesen besonderen Knick, aber beim Blick auf die heimkehrenden Kraniche, Wildgänse oder Schwäne müssen sie doch zugeben: Die Vögel sind noch besser!

Warum fliegen Motten zum Licht?

43 Insekten werden auf magische Weise vom Licht angezogen. Für viele nachtaktive Motten und Falter ist es eine tödliche Anziehung. Doch warum fliegen sie zum Licht?

Von Natur aus orientieren sich viele nachtaktive Insekten am Mond, er dient als Lotse und Navigationshilfe. Weil der Mond sehr weit weg ist, bleibt er für die Insekten praktisch immer an derselben Stelle, jeder, der nachts schon mal aus einem fahrenden Auto geschaut hat, kennt das Phänomen. Um geradeaus zu fliegen, peilt ein Insekt den Mond unter einem bestimmten Winkel an. Sind jedoch hellere Lichtquellen wie Straßenlaternen in der Nähe, orientieren sich die Insekten daran. Und genau das bringt ihre Navigation durcheinander. Auch zur Straßenlaterne will das Insekt den gewohnten »Mondwinkel« einhalten, weil die Lampe

aber sehr viel näher ist, ändert sich die Laternenposition und damit auch der Winkel während des Fluges sehr schnell. Das Insekt korrigiert den Kurs, bis der Winkel wieder stimmt. Die ständigen Kurskorrekturen enden unweigerlich in einem Spiralflug, der direkt in die Lampe führt.

Doch zum Glück gibt es einen Ausweg: Insektenaugen sehen anders als wir. Sie sind vor allem im bläulichen, kurzwelligen Bereich empfindlich. Es gibt zwei typische Straßenlampen: Die sogenannte *Quecksilberdampfhochdrucklampe* leuchtet kalt bläulich. Die *Natriumdampfhochdrucklampe* hingegen strahlt gelbliches Licht aus. Wir Menschen sehen beides, doch mit den Augen des Insekts gesehen, leuchtet nur die bläuliche. Wenn man unsere bläulichen Straßenlaternen durch gelb leuchtende ersetzen würde, wäre sogar Mensch und Tier geholfen, denn das gelbe Licht ist energiesparender. Worauf warten wir? Unseren Verantwortlichen sollte ein (gelbes) Licht aufgehen!

Warum haben Elefanten so große Ohren?

44 Elefanten zählen zu den größten Landtieren überhaupt. Ein ausgewachsener Afrikanischer Elefant wiegt gleich mehrere Tonnen. Während einer Fernsehshow kam ich in den Genuss, mit einer imposanten Elefantendame die Sendung zu beginnen. Ich hatte während der Proben der Elefantenkuh viel Zeit gewidmet, und da Elefanten ausgesprochen klug sind, hatte die Dame schnell gelernt, dass ich viele kleine Leckereien für sie hatte. Die Show begann, wir hatten unseren gemeinsamen Auftritt. Offensichtlich war die Dame doch etwas nervös, denn sie wurde hinter den Kulissen von Blähungen geplagt. Noch nie in meiner Karriere habe ich Maskenbildnerinnen und Tontechniker so schnell flüchten sehen! Bei Elefanten ist eben alles groß. Aber haben Sie sich schon einmal gefragt, warum gerade die Ohren so groß sind? Müssen Elefanten etwa besonders gut hören? Oder sind die Ohren eine Art Fächer bei der Hitze? Fast!

Bei den meisten Säugetieren erfolgt die Abgabe überschüssiger Wärme, die sich durch die Muskelaktivität bildet, über die Haut. Wenn wir uns körperlich anstrengen, schwitzen wir und kühlen uns hierdurch ab. Der Elefant jedoch besitzt keine Schweißdrüsen, erzeugt aber so viel Körperwärme wie 30 ausgewachsene Menschen! Um sich abzukühlen, muss der Dickhäuter irgendwie die Wärme an die Umgebung abgeben, doch hier gibt es ein Problem: Denn je größer ein Tier, umso kleiner ist im Verhältnis dazu seine entsprechende Ober-

134

fläche. Verglichen mit seinem Gewicht besitzt der Elefant nur etwa 5 % der Körperoberfläche einer Maus.

Große Tiere können also über ihre Haut nur wenig Wärme an die Umgebung abgeben. Die Natur setzt hier auf eine besondere Lösung: Kühlung über die Ohren. Beim Afrikanischen Elefanten machen sie rund ein Sechstel seiner Körperoberfläche aus und sind durchzogen von einem feinen Adernsystem. Durch das Fächern der Ohren kann der Elefant seine Körpertemperatur regulieren.

Afrikanische Steppenelefanten und Indische Waldelefanten unterscheiden sich übrigens auch durch die Größe ihrer Ohren. Der Grund: Waldelefanten halten sich in schattigen Zonen auf und sind somit nicht so stark auf Kühlung angewiesen wie die Steppenelefanten. Daher besitzen die Waldelefanten Indiens kleinere Ohren.

Man muss jedoch gar nicht so weit reisen: Das »Ohrenkühlprinzip« findet sich auch bei Kaninchen und Hasen – nur das mit dem Fächern klappt bei ihnen noch nicht so richtig.

Warum leuchten
Katzenaugen?

45 Wenn Sie schon mal nachts einer Katze begegnet sind, haben Sie vielleicht festgestellt, dass ihre Augen leuchten. Man kann dieses Leuchten allerdings nur dann beobachten, wenn die Katze selbst angeleuchtet wird. Ohne zusätzliche Lichtquelle erscheint dem Betrachter ein Katzenauge nicht heller als die Umgebung. Die Augen leuchten also nicht von selbst, sondern wirken wie Spiegel, wie Reflektoren, eben wie »Katzenaugen«, und senden das einfallende Licht zurück.

Katzen sind nachts aktiv und haben sich an das wenige Licht hervorragend angepasst: Ihre Pupillen weiten sich, bis sie einen Durchmesser von 14 Millimeter haben. Nur zum Vergleich: Wir Menschen schaffen höchstens 8 Millimeter. In das Katzenauge kann also sehr viel mehr Licht einfallen und dieses Licht wird wesentlich besser ausgenutzt. Denn Katzenaugen besitzen eine lichtverstärkende Schicht, das sogenannte *Tapetum lucidum.* Dieser »leuchtende Teppich« ist eine feine Spiegelschicht, die sich hinter der Netzhaut befindet. Das einfallende Licht wird an dieser Reflexionsschicht im Auge zurückgeworfen und passiert damit erneut die Netzhaut.

Dieses Hin und Her verbessert die Lichtempfindlichkeit, denn die Sinneszellen auf der Netzhaut haben damit eine zweite Chance, auf jedes einfallende Lichtquantum zu reagieren. Zudem besitzt das Katzenauge besonders viele lichtemp-

findliche *Stäbchen* (vgl. *Wie sehen wir räumlich?*). Dieser Rezeptorentyp nimmt keine Farben, sondern Helligkeitsunterschiede wahr und ist deutlich lichtempfindlicher als die zweite Art von Rezeptoren, die *Zapfen*, die für das Farbsehen verantwortlich sind. Katzen sehen also eher schwarz-weiß. Ihre Augen sind ein anatomisches Meisterwerk: Die Vierbeiner mit den sanften Pfoten kommen mit ungefähr sechsmal weniger Licht aus als wir Menschen.
Bei meiner Katze habe ich mir das schon immer gedacht: Katzen sehen Dinge, die uns Menschen verborgen bleiben.

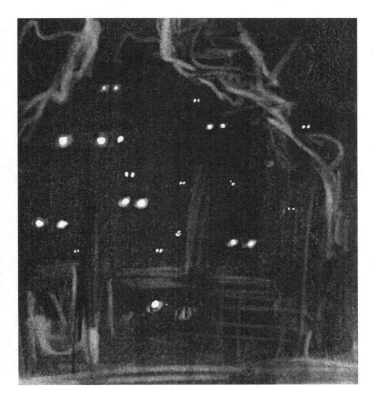

Warum sind Fliegen
so schwer zu erwischen?

46 »Da holt er aus mit voller Kraft,
Die Fliege wird dahingerafft.«

Wilhelm Busch

Was Wilhelm Busch hier beschreibt, ist oft gar nicht so leicht. Sie haben bestimmt auch schon die Erfahrung gemacht: Fliegen sind extrem schnell und mit der Hand erwischt man die Insekten so gut wie nie.

Dieses Phänomen wurde von Wissenschaftlern des *California Institute of Technology* eingehend studiert und das Ergebnis ist verblüffend: Mit einer Hochgeschwindigkeitskamera, die 5400 Bilder pro Sekunde macht, filmten sie das Verhalten von Fliegen, wenn sich eine Fliegenklatsche nähert. Statt im Reflex blind wegzufliegen, analysiert die Fliege zunächst, von wo die Gefahr kommt. Erst nach dieser Ortung dreht sie sich und platziert ihre Beine in eine optimale Startposition, um wegzufliegen. Die Flucht läuft innerhalb einer Zehntelsekunde ab und ist dennoch kein Reflex, sondern eine genau geplante Aktion! Reflexe laufen automatisch ab, doch diese Flucht verlangt hervorragende Augen und schnelles Denken. Unsere Augen sind verhältnismäßig träge. Mit einem *Stroboskop* kann man diese Trägheit genau messen: Bei etwa 40 Blitzen pro Sekunde sieht das menschliche Auge ein Dauerleuchten und nimmt nicht mehr den Wechsel zwischen Hell- und Dunkelphasen wahr. Nur hierdurch empfinden wir

Kinofilme und Fernsehsendungen nicht als Dauerflimmern, sondern als kontinuierlichen Prozess. Fliegenaugen bestehen hingegen aus 3000 Einzelaugen, den *Omnatiden*. Zoologen an der Universität Köln haben winzige Elektroden an Fliegenaugen angebracht und konnten so exakt bestimmen, ob und wie schnell das Fliegenauge auf einen Lichtblitz reagiert. Erst bei etwa 300 Blitzen pro Sekunde kann auch das Fliegenauge nicht mehr zwischen »an« und »aus« unterscheiden! Die Fliege würde beim Fernsehen also nicht nur wegen des schlechten Programms Kopfschmerzen bekommen.

Aber auch mit ihrem 360°-Rundblick erkennen Fliegen schnell eine herannahende Gefahr. Auf den Bildern der Hochgeschwindigkeitskamera kann man einen typischen Bewegungsablauf verfolgen: Kommt die Bedrohung von vorne, so bewegt die Fliege zunächst ihre mittleren Beinpaare leicht zurück. Dann nimmt sie Schwung und hebt nach hinten ab. Kommt die Gefahr hingegen von der Seite, bleiben die Mittelbeine stehen und sie nimmt mit dem ganzen Körper seitlich Schwung, bevor sie abhebt. Je nach Richtung der drohenden Gefahr erfolgt also eine andere Strategie; für die Wissenschaftler ein Beleg, dass dieses kein einfacher Reflex ist, sondern eine koordinierte und »überlegte« Bewegung.

Durch die Fliegenklatsche sind wir Menschen natürlich im Vorteil, denn die künstliche Verlängerung macht unseren Schlag schneller. Der Tipp der Wissenschaftler: Nicht auf die Fliege selbst zielen, sondern dorthin, wo sie abheben wird: Wenn Sie die Fliege von hinten angreifen, dann schlagen Sie nicht auf, sondern vor das Insekt.

Die schnellsten gemessenen Reaktionszeiten beim Menschen liegen etwa bei einer Viertelsekunde. Wir reagieren also noch nicht einmal halb so schnell, wie die Fliege denkt! Vielleicht sollten wir doch gnädiger sein ...

Warum sind manche Eier
braun und andere weiß?

47 Stimmt es, dass weiße Hühner weiße Eier legen und braune Hühner braune? Es ist überraschend, wie viele verschiedene Theorien zu diesem Phänomen kursieren! Wenn man den Test macht, stellt man zunächst fest: Stimmt nicht. Es gibt weiße Hühner, die braune Eier legen, und braune Hühner, die weiße Eier legen, und es gibt auch weiße Hühner, die weiße, und braune Hühner, welche braune Eier legen. Allerdings dies dann ausschließlich, denn ein und dasselbe Huhn legt nur weiß oder braun, nicht etwa beide Farben.

Die Farbe der Eierschale hat also absolut nichts mit der Farbe des Gefieders zu tun.

Hängt es vielleicht mit der Ernährung zusammen? Bei der Dotterfarbe ist das zumindest der Fall. Die kann man in der Tat beeinflussen. Früher gab man den Hühnern künstliche Farbstoffe, heute gibt man ihnen Mais oder Paprika. Die Dotterfarbe sagt aber nichts über die Qualität des Eis aus, sondern wird dem jeweiligen Modegeschmack angepasst.

Unsere Welt ist wirklich sonderbar: Andere Kulturen – andere Dotterfarben. In den meisten Ländern bevorzugen Menschen gelb, Deutschland hingegen mag lieber orange als Dotterfarbe.

Doch mit der Eierschale hat auch das nichts zu tun. Der Grund für die Eierfarbe ist genetisch bedingt und hängt von der jeweiligen Geflügelrasse ab. Bei Rassen, die braune Eier legen, geht die Färbung auf Pigmente aus dem roten Blut-

farbstoff und dem Gallenfarbstoff zurück, die der Organismus des Huhns ausscheidet und der sich außen auf der Kalkschale des Eis ablagert. Bei Hühnern, die weiße Eier legen, fehlt dieses Ausscheiden des Farbstoffs wohl.
Manche können dem Huhn angeblich sogar am Ohr ansehen, welche Eierfarbe es legt: Hat ein Huhn weiße Ohrscheiben, so legt es weiße, bei roten Ohrscheiben legt es braune Eier. Doch auch der Trick funktioniert wohl nicht immer.

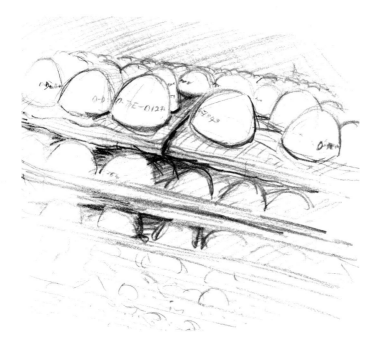

Viele meinen, dass braune Eier gesünder seien, denn viele Bio-Eier sind braun. Doch auch das ist nur Mode. Das klassische Frühstücksei war früher weiß, heutzutage sind braune Eier gefragt. 6 von 10 Eiern, welche in Deutschland gekauft werden, sind braun. Statt auf die Farbe der Eierschale, sollten Sie jedoch lieber genauer auf die Verpackung und aufs Ei schauen, denn am Farbstempel erkennt man, woher das Ei stammt. Seit 2004 ist ein Stempel mit folgenden Informationen Pflicht:

0: steht für Ökologische Erzeugung.

1: bedeutet Freilandhaltung. Dabei ist auch die Fläche pro Huhn vorgeschrieben.

2: heißt Bodenhaltung. Das Huhn läuft frei im Stall herum.

3: ist das traurige Zeugnis, dass dieses Huhn ein Leben lang in einem engen Käfig gehaust hat.

Dahinter steht der Ländercode, also DE für Deutschland, und dann noch die Nummer des Legebetriebs. Die Nummer sagt wohl mehr aus als die Farbe der Schale!

Warum fallen schlafende
Vögel nicht vom Ast?

48 Nachts, wenn wir im Bett liegen, schlafen auch die Vögel – allerdings auf Ästen. Doch warum fallen sie im Tiefschlaf nicht vom Baum?

Wenn wir uns mit den Händen an einem Ast festhalten, sind unsere Muskeln in den Händen und Armen angespannt. Würden wir dabei einschlafen, würden sich unsere Muskeln entspannen und wir könnten uns nicht mehr am Ast festhalten. Vögel hingegen schlafen ohne Probleme im Sitzen auf einem Ast. Manche Vögel können zwar ihren Schlaf kontrollieren und schlafen in gefahrvoller Umgebung nur mit einer Gehirnhälfte, während die andere wacht. In dieser Phase ist nur ein Auge geöffnet. Doch selbst im Tiefschlaf halten sich Vögel am Ast fest.

Vögelfüße besitzen eine Art Verschlussmechanismus: Beugemuskeln und Sehnen, die die gesamte Länge des Beines hinunterlaufen, ziehen die Zehen sofort zusammen, wenn sich der Vogel hinhockt. Je tiefer er hockt, umso fester umschließen die Zehen den Ast. Durch diesen Mechanismus sorgt alleine das Körpergewicht des Vogels für den festen Griff. Erst wenn sich der Vogel wieder aufrichtet, entspannt sich die Sehne und er kann die Krallen öffnen. Man kann dies gut bei startenden Vögeln beobachten. Sie müssen sich zunächst strecken, erst dann entspannen die Sehnen, die Krallen lösen sich und sie können abheben.

Ähnlich wie Vögel haben übrigens auch Fledermäuse einen

Haltemechanismus entwickelt, der ihr gesamtes Körpergewicht an den geschlossenen Fußkrallen hält, ohne dass sie Muskelkraft aufwenden müssen.

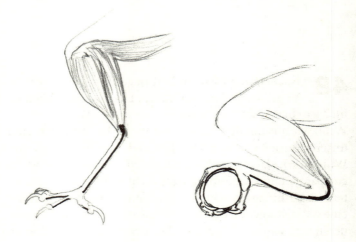

Die gekrümmten Krallen der Raubvögel nutzen dasselbe Prinzip: Wenn ein Adler Beute schlägt, dann krümmen sich die Beine unter der Wucht des Aufpralls und dadurch verschließen sich seine Krallen. Die Kraft dieses automatischen Zupackens ist dabei extrem groß. Die Krallen der Vögel entsprechen übrigens nicht unseren Füßen, denn der Vogel läuft, würde man ihn mit uns Menschen vergleichen, auf den Zehen, mit der Ferse in der Luft.
Der Mechanismus der Vogelfüße funktioniert offenkundig so zuverlässig, dass – so wird behauptet – sich manchmal selbst tote Vögel noch an ihrem Zweig festklammern.

Warum frieren Enten auf dem Eis nicht fest?

49 Inmitten unserer perfektionierten Gesellschaft, die jeden Prozess bis ins Absurde optimiert, stoße ich manchmal auf wohltuende Brüche. Im vergangenen Winter stärkte eine Meldung meine Zuversicht, dass wir Menschen doch noch Idealisten sind und nicht der Diktatur der rationalisierten Verhältnismäßigkeit gehorchen: Zwanzig Brandschützer, ausgerüstet mit Wärmeanzügen und einem Schlauchboot, befreiten eine einzelne Ente vom Eis. Der Erpel, den die edlen Retter »Henry« tauften, wurde anschließend in einem Flensburger Tierheim aufgepäppelt. Doch Henry ist eine Ausnahme!

Wenn es draußen klirrend kalt ist, sieht man häufig aufgeplusterte Enten, die auf einem zugefrorenen See ausharren. Obwohl sie lange an einer Stelle stehen, frieren sie dennoch nicht fest. Warum?

Wenn wir mit unseren warmen Händen Dinge berühren, die extrem kalt sind, können wir daran festkleben. Das kann Ihnen passieren, wenn Sie in der Tiefkühltruhe eine Verpackung anfassen oder an einem kalten Wintermorgen das Schloss Ihrer Autotür anhauchen. Ihre warmen Lippen lassen das Eis an der Oberfläche zunächst schmelzen, doch im nächsten Moment gefriert das Wasser wieder, und Sie kleben fest!

Hätten die Enten also warme Füße, würde das Eis, auf dem sie stehen, schmelzen. Der dadurch entstehende flüssige Wasserfilm würde dann – bedingt durch die niedrige Umgebungstemperatur – nach kürzester Zeit wieder gefrieren und es würde ihnen so ergehen wie Henry.

Doch was haben Enten und Frauen gemeinsam? Kalte Füße! Beim Blick durch eine Wärmebildkamera erkennt man, dass Enten eiskalte Füße besitzen. Die Temperatur ihrer Schwimmhäute liegt bei knapp 0 °C! Bei näherer Betrachtung der Entenfüße zeigt sich, dass Enten wie auch einige andere Tiere, die in kälteren Regionen leben, von Natur aus mit einer Art Frostschutzsystem ausgestattet sind. Der Blutkreislauf läuft bei diesen Tieren nach dem Prinzip eines Wärmetauschers. In den Arterien fließt warmes, sauerstoffreiches Blut vom Herzen weg und in den Venen strömt kaltes, kohlendioxidreiches Blut zurück. Dabei verlaufen Arterien und Venen in den Entenfüßen parallel und sind eng miteinander verflochten. Auf diese Weise wird das kalte Blut, das ins Körperinnere fließt, aufgewärmt. Das ins Bein fließende warme Blut wird wiederum von dem kalten, aus dem Fuß kommenden Blut abgekühlt. Es kühlt sich also herunter, bevor es die Füße erreicht. Somit wird klar: Die Füße der Enten werden nicht durch den Frost kalt, sondern sie sind es bereits vorher. Was für uns Menschen unangenehm kalt wäre, ist für die Ente äußerst praktisch. Die kalten Sohlen können das Eis nicht antauen und somit auch nicht festfrieren. Die Körperwärme wird also nicht nach außen abgegeben, denn sonst würde die Ente im Nu auskühlen. Mit ihren kalten Füßen spart sie eine Menge Energie.

Das »Entenfußprinzip« findet sich übrigens auch in der modernen kontrollierten Wohnraumlüftung mit Wärmerückgewinnung. Über einen Wärmetauscher wird hierbei die verbrauchte und erwärmte Luft in den Wohnräumen abgesaugt, um damit die frische, kühlere Außenluft vorzuwärmen. Das spart viel Energie – Ente sei Dank!

Warum fällt der Toast immer auf die Marmeladenseite?

Nebenbei bemerkt: Unterwegs im Alltag

Warum ist das **Taschentuch** quadratisch?

50 Den Grad der Zivilisation einer Gesellschaft messen wir hierzulande an seltsamen Dingen: am Gebrauch von Messer und Gabel, der Verwendung von Deospray, dem Umbinden von Krawatten oder dem stets griffbereiten Taschentuch. Doch ist es Ihnen schon einmal aufgefallen? Taschentücher sind fast immer quadratisch, egal ob aus Stoff oder aus Papier. Diese Form ist kein Zufall, denn die Geschichte des Taschentuchs steckt voller Regeln und Verbote.

Die ersten Taschentücher waren übrigens gar nicht zum Naseschnäuzen gedacht. Das tat man damals mit Daumen und Zeigefinger, die man dann am Ärmel oder am Tischtuch abwischte! Das einfache Volk schnäuzte mal mit der rechten, mal mit der linken Hand; die feinere Gesellschaft hingegen schnäuzte ausschließlich links.

Taschentücher hingegen waren ein Statussymbol, oft aus teuren Stoffen wie Seide, mit Perlen, Gold und Edelsteinen bestickt. Sie wurden vom 13. Jahrhundert an von einem sehr engen Kreis der vornehmen Gesellschaft gebraucht. Das edle Tuch diente mehr als elegantes Zubehör zur Kleidung. Manche wurden sogar mit kostbarem Parfum getränkt – vergessen wir nicht: Die Städte stanken bestialisch!

In der High Society der Höfe entwickelte sich mit der Zeit eine ausgefeilte Taschentuchsprache. So bedeutete das Schwenken des Taschentuchs beim Abschied: »Ich werde dir treu bleiben«; ein Taschentuch aus dem Fenster gehängt: »Vorsicht, ich werde überwacht«; ein Taschentuch, das wie zufällig aus einer Hosentasche fallen gelassen wurde: »Mein Herz ist vergeben«.

Das Taschentuch wurde zum Liebespfand schlechthin – so auch in William Shakespeares *Othello*: Desdemona verliert das Taschentuch, das Othello ihr geschenkt hat. Als er es bei Cassio findet, der es unwissentlich von Jago zugesteckt bekommen hat, wird es zum Indiz für Desdemonas Untreue – die diesen Irrtum mit dem Leben bezahlt.

Die Formenvielfalt der Tücher war gewaltig: runde, dreieckige, rechteckige. Dies missfiel jedoch der äußerst modebewussten französischen Königin Marie Antoinette. Ihr Gemahl Ludwig XVI. erließ daraufhin eine Verordnung, wonach Taschentücher so lang wie breit zu sein hatten. Kurz darauf begann die Französische Revolution, König und Königin wurden hingerichtet. Das Taschentuch wurde demokratisch, es trat einen weltweiten Siegeszug bei Arm und Reich an. Erst aus Stoff und seit 1929 auch aus Papier. Geblieben ist das quadratische Maß – weil es einst einer Königin gefiel!

Wer hat das Schmiergeld erfunden?

51 »Between you, me and the camel;
give me bakshish ...«
Ein Kamelführer am Fuße der Pyramiden von Gizeh

Wenn von Bestechung die Rede ist, spricht man oft von »Schmiergeld«. Woher aber stammt dieses Wort?
Es geht zurück auf die Zeit der Postkutschen. Im 18. und 19. Jahrhundert reiste man damit von Stadt zu Stadt. Doch die Fahrten waren beschwerlich: Oft war man tagelang unterwegs, immer wieder mussten Pferde gewechselt werden, Deichseln brachen auf den unbefestigten Wegen und die Kutschen versanken bei Regen im Morast. Im Winter war es in den ungeheizten Wagen bitterkalt und es stank fürchterlich.
Wolfgang Amadeus Mozart, der in seinem kurzen Leben rund ein Drittel der Zeit auf Reisen war, schimpfte: »... dieser Wagen stößt einem doch die Seele heraus! ... zur Regel wird es mir seyn, lieber zu fus zu gehen, als in einem Postwagen zu fahren.«
Und zu all der Beschwerlichkeit kam noch etwas hinzu: Das Reisen war teuer, nur Reiche konnten es sich erlauben. Neben dem eigentlichen Fahrpreis musste man noch jede Menge Gebühren zahlen: Straßengeld, ein Extra für den Vorspanner, Tor- und Brückengeld und – Schmiergeld!
Hierbei ging es um das Schmieren der Achsen, damit die Räder der Kutsche nicht allzu laut quietschten und die Fahrt

angenehmer wurde. Das Schmiergeld war eine feste Gebühr. Goethe etwa bezahlte auf seiner Reise nach Italien für die Strecke hoch zum Wettersteinmassiv zehn Kreuzer Schmiergeld.
Und so liefen auch andere Geschäfte »wie geschmiert«, wenn man etwas nachhalf. Doch als Schmiermittel etablierten sich nicht etwa Fett oder Öl: sondern Geld ...

Was mache ich, wenn der
Blitz einschlägt?

52   Der alte Mann im weißen Kittel schloss die Käfigtür
hinter sich und kurz darauf entluden sich um ihn
herum große Blitze. Es knallte über unseren Köpfen und die
elektrisierte Luft roch sonderbar verbrannt. Zu unserem großen Erstaunen hatte er überlebt! Noch tagelang träumten wir
Kinder vom Meister der Blitze, der in seinem Käfig thronte
und dem die funkensprühende Elektrizität nichts anhaben
konnte.

Die Vorführung des *Faraday*-Käfigs im Münchener Deutschen Museum glich einer spektakulären Zaubervorstellung –
mit einem Unterschied: die genaue Erklärung des »Zaubertricks« wurde mitgeliefert: Das Eisen der Stäbe und Gitter ist
elektrisch leitend. Schlägt der Blitz ein, fließt der Strom durch
die Gitterstäbe und *nicht* durch den Menschen, der sich darin aufhält. Der leitende Käfig schirmt den Innenraum gegen
äußere elektrische Felder ab, die Blitze können somit nicht
eindringen. Dieses Prinzip, benannt nach dem englischen
Physiker Michael Faraday, begegnet uns in vielen Alltagssituationen. Mobiltelefone oder Radios haben zum Beispiel
innerhalb von vielen Gebäuden einen gestörten Empfang,
denn die Eisenarmierungen und Stahlträger in den Wänden
und Decken schirmen das Innere des Gebäudes auch gegen
die eindringenden elektromagnetischen Mobilfunk- und Radiosignale ab.

Auch in dieser Sekunde entladen sich weltweit etwa 2.000–

3.000 Gewitter. Es blitzt also kräftig auf unserem Planeten und allein in Deutschland zählt man im Jahr über eine Million Blitze. Die meisten davon finden in den Wolken statt und lassen sie aufleuchten, zum Glück schlägt nur jeder zehnte Blitz auf der Erde ein, denn das ist manchmal sehr gefährlich. Allein hierzulande sterben jedes Jahr etwa fünf Menschen durch Blitzschlag.

Was tun, wenn man plötzlich vom Gewitter überrascht wird? Zunächst sollte man bestimmen, wie weit das Gewitter noch entfernt ist. Dort, wo sich der Blitz entlädt, erwärmt sich die Luft auf bis zu 30.000 °C. Die erhitzte Luft dehnt sich schlagartig aus und es bildet sich eine Druckwelle, die wir als Knall – also Donner – wahrnehmen. Da sich Schallwellen jedoch weit langsamer ausbreiten als Licht, kann man durch einfaches Zählen den Abstand zum Blitz bestimmen: Der Blitz schlägt ein, die Schallwelle breitet sich mit 343 Meter pro Sekunde aus. Der Donner legt etwa alle drei Sekunden einen Kilometer zurück. 21, 22, 23 ... Wenn es nach dem Blitzen also zum Beispiel sechs Sekunden dauert, bis wir das Donnern hören, ist der Blitz etwa zwei Kilometer entfernt eingeschlagen.

Wenn sich ein Gewitter gefährlich nähert, sollten Sie schleunigst in einem Gebäude oder Fahrzeug Schutz suchen. Wenn es dort einschlägt, fließt der Strom aufgrund der gut leitenden Karosserie oder der Leitungen und Stahlteile in der Hauswand um Sie herum und nicht durch Sie hindurch. Doch was, wenn das nicht möglich ist? In diesem Fall sollten sie auf zwei Dinge achten: Zunächst: Machen Sie sich klein, gehen Sie am besten in die Hocke. Je kleiner Sie sind, umso leichter werden Sie vom Blitz »übersehen«, denn Blitze schlagen bevorzugt in höhere Objekte ein. Auf keinen Fall sollten Sie sich jedoch auf dem freien Feld hinlegen. Denn beim Einschlag kann die elektrische Ladung oft nicht an einer Stelle

153

abfließen, sondern breitet sich vom Einschlagpunkt in alle Richtungen im Boden aus. Dort herrscht dann kurzfristig ein großes Spannungsgefälle.
Es ist (lebens!-)wichtig zu verstehen, dass der Strom immer dann fließt, wenn ein Spannungsgefälle vorhanden ist. Vögel, die sich zum Beispiel auf einer Hochspannungsleitung ausruhen, haben nichts zu befürchten, denn sie schließen mit ihrem Körper keinen Stromkreis, da zwischen ihren Füßen keine Spannungsdifferenz herrscht.

Bei einem Blitzschlag ist das anders. Der Boden in unmittelbarer Nähe weist auf einem Meter Differenzen von mehreren Tausend Volt auf. Die Wissenschaftler sprechen auch von der *Schrittspannung*, denn schon in Schrittbreite reicht die Spannungsdifferenz aus, damit ein gefährlicher Strom durch Ihren Körper fließen kann. Wenn Sie liegen, dann vergrößern Sie sogar die Spannungsdifferenz!

Von Martin Luther wird berichtet, dass er als Student im Sommer 1505 von einem starken Gewitter überrascht wurde. In Todesangst betete er zur Heiligen Anna: »Heilige Anna, hilf! Lässt du mich leben, so will ich Mönch werden.« Der Blitz schlug ein, doch Luther blieb unversehrt – und erfüllte sein Versprechen. Gegen den Willen seines Vaters brach er sein Jurastudium ab und trat ins Kloster der Augustineremiten in Erfurt ein.

Wenn Sie also vom Blitz überrascht werden: In die Hocke gehen, Füße *eng* zusammenhalten und ... beten! Sie müssen ja nicht gleich ins Kloster gehen. Übrigens eine seltsame Vorstellung: Ohne Blitz gäbe es womöglich in Deutschland keine Protestanten!

Woher kommt die
Schultüte?

53 Mein erster Schultag war ein Fiasko. In Indien war die Schuluniform Pflicht und vor Beginn des Unterrichts gab es auf dem staubigen Hof der Cluny Convent School in Jalahalli einen harschen Appell. Ich verstand nicht, warum die Freiheit, die ich im Schoße meiner Familie genossen hatte, plötzlich zu Ende sein sollte. Dem eintönigen Leben mit laut skandiertem »A, B, C« und staubigen Schiefertafeln stand ich skeptisch gegenüber. Mir bleibt jedoch eine positive Erinnerung dieser ersten Tage im Gedächtnis: Der zarte Duft der geflochtenen Zöpfe meiner Mitschülerinnen ... Vielleicht wäre alles anders gewesen, hätte es im fernen Indien denselben Brauch gegeben wie hierzulande: die Schultüte! Woher aber stammt diese Tradition, die typisch für Deutschland ist?

Anscheinend geht der Brauch auf das 19. Jahrhundert zurück. Hauptverbreitungsgebiete der Zuckertüten waren zunächst Thüringen und Anhalt, das Vogtland und das Erzgebirge. Im thüringischen Jena zum Beispiel, so geht aus historischen Quellen hervor, erhielten Kinder damals vom Kantor eine »mächtige Tüte Konfekt« und in Dresden schenkten Väter ihren Söhnen zum Schulbeginn eine Tüte mit Süßigkeiten vom Konditor. Offensichtlich gibt es keinen festen Ursprungsort für diese süße Geste, doch die Tradition breitete sich aus. Nach Ansicht von Volkskundlern lag der Hauptgrund des Schultütenbrauchs in der Motivation der jungen Schüler:

Man feierte die Schulanfänger und ihren großen Tag und gleichzeitig versuchte man, diesen Tag an der Schwelle zu einem neuen Lebensabschnitt so angenehm wie möglich zu gestalten. Die Schultüte wurde zum Trostpflaster für den nun streng geregelten und mit Pflicht erfüllten Lebensabschnitt. Und weil die Eltern wussten, dass die Euphorie des Schulanfangs in vielen Fällen bald dem nüchternen Alltag weichen würde, wollten sie mithilfe der Tüte den nun beginnenden »Ernst des Lebens« versüßen.

Der Vorläufer der Tüte war die Schulbrezel: Dem Schulanfänger erzählte man, dass im Keller oder auf dem Dachboden der Schule ein Brezelbaum stünde, auf dem Brezeln wachsen würden. Der Lehrer verteilte in den ersten Schultagen nach dem Unterricht ein oder zwei Brezeln an die Kinder. Spätestens nach zwei Wochen war der Baum dann »leergepflückt«, der Brezel-Segen hörte auf. Anfangs übernahmen noch die Gemeinden die Kosten für die Brezeln, später wurden die Eltern dafür zur Kasse gebeten, die dann irgendwann auch auf die Idee kamen, etwas anderes als Brezeln zu schenken, etwa eine Zuckertüte.

So entstand auch die Geschichte vom »Zuckertütenbaum« von Albert Sixtus – ein Klassiker: Knecht Ruprecht schenkt den Zwergen eine Wunderzwiebel, aus der ein Zuckertütenbaum wächst. Am Ende bringen die Zwerge die Zuckertüten dann in die Schule und erfreuen damit Schulanfänger.

Mein erster Schultag begann in Indien – da gab's keine Schultüte, aber die Mädels waren süß!

Woher stammt der Begriff
08/15?

54 Der Begriff steht für »herkömmlich«, »gewöhnlich«, »durchschnittlich« oder »Standard«: 08/15 eben. Doch wie kam es zu dieser eigenartigen Bezeichnung?

Das Wort geht zurück auf die Zeit des Ersten Weltkriegs. An der Front benötigte man unzählige Gewehre, doch es gab ein Problem: Jede Fabrik verwendete bei der Produktion ihre eigenen Maße und Werkzeuge. Um in Kriegszeiten Waffen schnell und in großen Stückzahlen anfertigen zu können, plante man, die Waffen arbeitsteilig im Deutschen Reich zu produzieren. Dafür war es aber notwendig, mit einheitlichen Plänen, Werkzeugen und Konstruktionsteilen zu arbeiten. Betraut mit der Vereinheitlichung wurden die beiden neu gegründeten staatlichen Behörden »Königliches Fabrikationsbüro für Infanterie« und »Königliches Fabrikationsbüro für Artillerie« (kurz: *Fabo-I* und *Fabo-A*). Die Ingenieure dort richteten einen Normierungsausschuss ein, aus dem dann später das Deutsche Institut für Normung e.V. hervorging. Es war die Geburtsstunde der Standardisierung.

Ein besonders gefragter Waffentyp war damals das Maschinengewehr der Marke *Maxim* aus dem Jahre 1908. Dieses Gewehr erhielt im Kriegsjahr 1915 eine Gabelstütze statt der bis dahin verwendeten Stütze und wurde dadurch deutlich leichter. Die Bezeichnung *MG 08/15* setzt sich daher aus den beiden Jahreszahlen 1908 und 1915 zusammen. MG 08/15 sollte zum Standardprodukt werden: Das erste Teil, das in den festgelegten Normmaßen des Deutschen Instituts für Normung e. V. definiert wurde, ist ein Kegelstift dieses Maschinengewehrs vom Typ 08/15. Der Metallstift war ein Verbindungsteil im Verschluss des 08/15. Das gesamte Maschinengewehr konnte von jedem Soldaten an der Front auseinandergenommen und wieder zusammengesetzt werden. Reparaturen und der Austausch defekter Teile wurden durch die Normung der Einzelteile möglich, da alle Teile passten.

Der kleine Kegelstift trägt die Bezeichnung *DIN1*. Er ist das weltweit erste nach modernen industriellen Normen gefertigte Teil überhaupt.

Mit den neuen Normen und einheitlichen Standards war es von da an kein Problem mehr, das Gewehr in großer Stückzahl zu fertigen. Manche Betriebe spezialisierten sich auf die Fertigung einzelner Komponenten. Schrauben, Stifte, Federn, Verschlüsse und Verbindungsstücke, alles unterlag der einheitlichen Norm und aus der Einzigartigkeit wurde der Standard. Zu den Übungen im militärischen Drill gehörte auch das wiederholte Auseinanderbauen und Wiederzusammensetzen des Maschinengewehrs. Wenn man es einmal konnte, klappte es immer wieder. 08/15 war eben immer gleich!

Wie funktionieren
Sonnencremes?

55 Wir Menschen sind doch irgendwie verrückt. Wenn Sie zum Beispiel nach Indien reisen, werden Sie niemals Menschen sehen, die bewusst in der Sonne liegen, um braun zu werden. Im Gegenteil: In südlichen Ländern versuchen die Modebewussten alles zu tun, um möglichst bleich auszusehen. Es gibt in Asien einen boomenden Markt von Bleichcremes. Hierzulande ist Bräune hingegen chic, doch das war nicht immer so.

Noch im vergangenen Jahrhundert schätzte man die »noble Blässe«, denn nur die Ärmeren mussten in der Sonne schuften. Blass war gleichbedeutend mit reich, und die High Society schützte sich mit Sonnenschirmen, langer Kleidung, Hüten und Strandkörben.

Der Unterschied zwischen dunkler und heller Haut besteht in der unterschiedlichen Konzentration des natürlichen Farbstoffs *Melanin*. Je höher der Anteil in der Haut, desto dunkler der Teint. Die Melaninbildung wird durch die UVB-Strahlung der Sonne angeregt. Daher werden wir in der Sonne braun. Melanin ist nämlich ein effektiver Lichtschutz vor der schädlichen UV-Strahlung.

Doch bei langen Sonnenbädern muss man sich zusätzlich eincremen. Grob unterteilt gibt es zwei Gruppen von Sonnenschutzmitteln: die chemischen und die physikalischen UV-Filter. Die chemischen Schutzmittel dringen in die Haut ein und versuchen – ähnlich wie das Melanin – durch eine

fotochemische Reaktion die Sonnenstrahlung in Wärme umzuwandeln, bevor sie Schaden anrichten kann. Doch neuere Untersuchungen zeigen, dass einige chemische Schutzcremes auf Dauer für uns schädlich sein können. Sie reizen die Haut und bewirken bei manchen Menschen Allergien.
Bei der zweiten Gruppe, den physikalischen Filtern, wird die Haut mit einem weißlichen Schutzfilm aus winzigen *Titandioxidpartikeln* bedeckt. Diese liegen dicht nebeneinander und wirken wie winzige Spiegel; sie reflektieren die UV-Strahlung. Diese modernen Cremes wirken nur an der Oberfläche, medizinisch gut, doch dafür muss man öfter nachcremen und sie sind teurer. Man erkennt sie am weißlichen Glanz auf der Haut. Der stammt von Titandioxidpartikeln. Titandi-

oxid? Das kennen Sie bestimmt noch aus dem Malkasten in der Schule: Deckweiß!

Im Prinzip malen wir uns also weiß an, um am Ende braun zu sein! Wir Menschen sind doch irgendwie verrückt ...

Warum ist die Deutschlandfahne
schwarz-rot-gold?

56 Ich war noch nie ein Freund von Nationalfahnen. Vielleicht liegt es ja an meinen Wurzeln, denn mein Vater ist Inder, meine Mutter Luxemburgerin und bei Nationalfeiertagen herrschte bei uns stets eine beklemmende Stimmung von nationaler Exklusivität. Bist du nun Luxemburger oder bist du Inder? Ich war und bin beides und kann mit jeder Form von Ausschließlichkeit und Abgrenzung schlecht umgehen. In meinem Leben gab es nie *die* Nationalhymne und jedes Mal, wenn Menschen aufstehen und mit fester Stimme das Loblied auf *ihre* Nation singen, fühle ich mich ausgeschlossen. Ich gehöre nicht dazu, zumindest nie ganz. In diesen feierlichen Momenten denke ich stets an den anderen Teil in mir, an die andere Nation. In Gedanken male ich mir dann eigene Fahnen und eigene Hymnen und träume von Nationen, die keine Grenzen kennen. Meine Fahne wäre die Fahne aller Menschen und stünde für Toleranz, Liebe und Offenheit!

Jahrelang war ich skeptisch, wenn in manchen Vorgärten eine Deutschlandfahne hing. Oft genug verbarg sich dahinter ausländerfeindliches Gedankengut, und die drei Farben waren wie ein Verbotsschild für Menschen wie mich. Mit unsichtbarer Schrift stand darauf: »Raus mit dir!«

Im Gegensatz zu anderen Nationen wie Frankreich oder den USA hatte Deutschland lange Zeit ohnehin ein gebrochenes Verhältnis zur eigenen Trikolore. Die tiefen Narben der Nazizeit führten zu einer verständlichen Zurückhaltung. Doch dann kam das Sommermärchen. Die Fußballweltmeisterschaft 2006 wurde zu einem Wendepunkt. Überall wehten Deutschlandfahnen und von einer Ausschließlichkeit war keine Rede mehr. Toleranz und Freude hatten das alte Pathos verdrängt und meine Beklemmung löste sich auf. Diese frische Ausstrahlung hat das gesamte Land verändert.

Doch warum ist unsere Fahne eigentlich schwarz-rot-gold? Der Ursprung dieser Farbkombination lässt sich bis in die Zeit der Befreiungskriege zwischen 1813 und 1815 zurückverfolgen. Damals kämpften viele Freiwilligenheere gegen die napoleonische Armee. Frankreich war zwar der Feind, doch es hatte immerhin eine gemeinsame Fahne. Bei der Aufstellung des Lützower Freikorps im Jahre 1813 fehlte das Geld für Uniformen. Deshalb wurde die Zivilkleidung einheitlich mit einem alles überdeckenden Schwarz gefärbt. Damit die Kleidung mehr nach Uniformen aussah, wurden rote Aufschläge aufgenäht, wie es bei preußischen Uniformen üblich war. Und goldfarbene Messingknöpfe waren damals Massenware. Die Farbwahl hatte also zunächst rein praktische Gründe und nichts mit nationaler Symbolik zu tun, wie später gerne hineininterpretiert wurde.

Einige Studenten, die im Freikorps gedient hatten, wurden zu Mitbegründern der Jenaer Burschenschaft, der ersten Studentenverbindung. Sie war ganz dem nationalen Gedanken gewidmet. Dort trugen die Studenten weiterhin ihre schwarzen Uniformen als Burschenkleidung und wählten die Farben Schwarz und Rot der Uniformen für ihre Flagge. Zusätzlich verzierten sie diese mit einem goldfarbenen Eichenzweig. Bis etwa 1825 wurde aus der schwarz-roten Fahne mit der Zeit die *Dreifarb*, in Anlehnung an die »moderne« Art der französischen Trikolore. Die Reihenfolge der drei Farben variierte allerdings: Beim Hambacher Fest 1832, bei dem bürgerliche Freiheit und nationale Einheit gefordert wurden, waren auch Fahnen zu sehen, auf denen das Gelb oben war. Der Dreifarb wurde zwar zur Staatsflagge des Deutschen Bundes, doch mit der Gründung des Kaiserreichs 1871 änderte er sich wieder: Bis zum Ende des Ersten Weltkriegs wehte nun das Schwarz-Weiß-Rot der preußischen Vorherrschaft. 1919 wählte die Nationalversammlung die schwarz-rot-goldene Trikolore mit 211 zu 90 Stimmen zur Flagge der Weimarer Republik. Dann kamen die Nazis und erneut wechselten die Farben ...

Nach dem Zweiten Weltkrieg wurden alle vorherigen Nationalflaggen durch die Besatzungsmächte verboten. Erst am 3. November 1948 kehrte Schwarz-Rot-Gold wieder zurück. Und obwohl immer noch viele von einer vereinten Nation träumten, wehten zwei unterschiedliche Fahnen im geteilten Deutschland. Erst seit der Wiedervereinigung besitzt unser Land eine gemeinsame Fahne. Nach dem Sommermärchen im Jahre 2006 bekam sie einen neuen Anstrich. Drei besondere Farben – gewählt, weil ursprünglich das Geld für Uniformen fehlte!

Woher stammt der
rote Teppich?

57 Defilee der Eitelkeit, Futter für gierige Fotografen, Stoff der Klatschkolumnisten, Stars und Sternchen präsentieren sich gerne darauf – er ist *das* Symbol von Glanz und Glamour: der rote Teppich. Warum ist dieser Teppich eigentlich rot?

Das bekannteste »Roter-Teppich-Ereignis« ist die Oscar-Verleihung in Hollywood. Der offiziellen Geschichte der Academy Awards zufolge, übernahm man die Tradition vom Luxuszug *20th Century Limited*, einem Expresszug, der Anfang des 20. Jahrhunderts zwischen New York und Chicago verkehrte und seinen zahlungskräftigen Gästen eine »Rote-Teppich-Behandlung« anbot.

Doch der rote Teppich reicht viel weiter in die Geschichte zurück: In der griechischen Mythologie kehrt Agamemnon, König der Argiver, siegreich aus Troja zurück und betritt auf einem purpurroten Teppich seinen Palast. Dort wird er von seiner hinterlistigen Frau Klytaimnestra und deren Liebhaber ermordet. Der rote Teppich wurde hier zum Symbol des Übermuts des Siegers, der bestraft wird. Wahrscheinlich wissen die heutigen Sternchen nichts davon ...

Rot ist nicht nur die Farbe des Blutes, sie zählte auch zu den teuersten Farben überhaupt. Der Textilfarbstoff Purpur stammte ursprünglich aus dem Meer. Gewonnen wurde er aus dem Drüsensekret der Purpurschnecke. Der Legende folgend wurde die rote Farbe in Phönizien entdeckt: An der

Meeresküste wandelte ein tyrischer Gott mit seiner Geliebten, einer Nymphe. Das Paar wurde von einem Hund begleitet. Der Hund zerbiss am Strand eine Purpurschnecke, und alsbald färbte sich sein Maul wunderschön purpurrot. Die Nymphe war von dieser Farbe so begeistert, dass sie sich sogleich von dem göttlichen Geliebten ein Gewand in diesem Purpurton erbat.

Die praktische Herstellung war keinesfalls von Eleganz geprägt: Die Drüsen der Schnecke wurden in Salzwasser gegeben und anschließend mit Urin eingekocht. Die Stoffe, die in diesen Sud eingetaucht wurden, verfärbten sich im Sonnenlicht. Da diese aufwendige Prozedur bestialisch stank, lagen die Färbereien auch ein Stück außerhalb, sodass der Verwesungsgestank hinaus aufs Meer zog und nicht in die Stadt. Zur Herstellung eines einzigen Gramms Purpur benötigte man übrigens über 10.000 Schnecken! Purpurrote Textilien waren daher sündhaft teuer. Kaum eine andere Farbe hatte im Lauf der Geschichte einen so hohen gesellschaftlichen Stellenwert. Dieses Rot gab es in verschiedenen Schattierungen, von Pink bis Violett. Es war die Farbe der Mächtigen: So durften zum Beispiel im alten Rom nur der Imperator und die Senatoren Purpur tragen. Auch später wurden Gesetze verfasst, die Purpur nur den Göttern und Königen vorbehielten. Purpur ist sogar heute noch die Farbe der Kardinäle: Der Kardinalsmantel heißt auf Italienisch *porpora*, der Kardinal selbst *porporato*.

Mit dem Aufkommen der modernen Textilchemie konnte die Farbe schließlich auch synthetisch hergestellt werden. Das einst kostbare Rot verlor seine königliche Sonderstellung. So laufen wir heute ständig über rote Teppiche: in Hoteleingängen, Flughafenterminals oder Einkaufszentren. Und: auf dem Weg zu Preisverleihungen.

Was bedeutet
DIN-A4?

58 Sie haben es bestimmt schon Hunderte, ja, Tausende Mal benutzt: ein Blatt Papier, ein DIN-A4-Blatt. Doch kennen Sie auch das Geheimnis dahinter?

Die Bezeichnung *DIN* steht für »Deutsches Institut für Normung e. V.«. (Im Kapitel *Woher stammt der Begriff 08/15?* finden Sie mehr zur Entstehungsgeschichte der Standardisierung.)

Jedes Blatt ist exakt gleich groß: 21 x 29,7 Zentimeter. Dass diese Zahlen so krumm sind, hat einen tieferen Grund: Wenn Sie das Blatt in der Mitte falten, hat das neue Format das exakt gleiche Verhältnis von Länge zu Breite wie das alte. Aus DIN-A4 wird DIN-A5 und das Blatt besitzt die exakt gleichen Proportionen.

Legen Sie hingegen zwei DIN-A4 Blätter aneinander, entsteht DIN-A3 und auch hier besteht immer noch dasselbe Verhältnis von Länge zu Breite. Bei jedem anderen Format würde das nicht klappen. Ein Quadrat gefaltet – ist kein Quadrat mehr. Das Beibehalten der Proportion ist ungemein praktisch, denn im Fotokopierer können Sie zwei Seiten auf ein Blatt herunterkopieren. Das ist bei keinem anderen Format möglich. Wer jemals in den USA war, weiß, wie beschwerlich der Umgang mit dem dort üblichen Papier ist. Nichts passt wirklich zusammen.

Im DIN-Verhältnis steckt Mathematik. Das Wunder der immer gleichen Proportionen lässt sich ausrechnen. Es klappt nur, weil Länge und Breite in einem klar definierten mathematischen Verhältnis stehen:

$$\text{Länge} = \sqrt{2} \times \text{Breite}$$

Egal ob Ausweis, Kinoplakat, Karteikarte oder Kündigung; immer wieder begegnet uns dieses wunderbare Verhältnis von Länge zu Breite.

Und noch etwas hat man bedacht und festgelegt: Ein DIN-A0-Format hat genau die Fläche von einem Quadratmeter! Überträgt man das auf die einzelnen DIN-Formate, so ergibt sich:

$$1 \text{ m}^2 = 1 \times \text{DIN-A0} = 2 \times \text{DIN-A1} = 4 \times \text{DIN-A2} = 8 \times \text{DIN-A3} = 16 \times \text{DIN-A4}$$

Das ist praktisch: So können Sie mit 16 DIN-A4-Blättern exakt einen Quadratmeter auslegen. Oder Sie können leicht das Gewicht von Papier ermitteln:

Standardpapier wiegt 80 Gramm pro Quadratmeter. Das entspricht 16 Blättern. Ein normales Blatt DIN-A4-Papier wiegt somit genau 5 g. Wozu also eine Briefwaage benutzen? Selbst hinter einem unbeschriebenen Blatt verbirgt sich manchmal mehr, als man ahnt!

Warum hat man manchmal auf Fotos rote Augen?

59 Ein Familienfest, alle lachen und natürlich werden Fotos gemacht – aber warum hat die Lieblingstante auf dem Bild plötzlich rote Augen?

Das Phänomen hat nichts mit Tanten zu tun: Der Effekt tritt immer dann auf, wenn man Menschen direkt anblitzt. Das geschieht häufig bei Kameras mit integriertem Blitz. Unmittelbar vor der Aufnahme ist es dunkler im Raum und daher sind die Pupillen weit geöffnet. Beim Blitzen können sich die Pupillen jedoch nicht schnell genug anpassen, und statt sich zu verkleinern, sind sie auf den Aufnahmen immer noch geöffnet.

Das intensive Licht tritt also in die Augen und hellt den Augenhintergrund auf. Die Folge: Die blutgefüllte Netzhaut wird durch die Pupille hindurch sichtbar und die Augen erscheinen auf dem Foto rot. Wir sehen auf dem Bild also etwas, was in Wirklichkeit kaum zu sehen ist, denn bei hellem Licht schließen sich die Pupillen automatisch und dadurch trifft nicht genug Licht auf die Netzhaut, als dass man sie direkt sehen könnte.

Wenn Augenärzte die Netzhaut untersuchen, werden dem Patienten zuvor Augentropfen verabreicht, welche die Pupille weiten. Der Arzt sieht dann etwas Ähnliches wie auf den Aufnahmen mit Blitz: rötliche Augen, genauer gesagt, die rötliche Netzhaut.

Es gibt mehrere Möglichkeiten, rote Augen auf Fotos zu verhindern:

– Vorblitzen lassen: Hierdurch verschließen sich die Pupillen vor der eigentlichen Aufnahme und der Rot-Effekt wird bei diesem Doppelblitz geringer.

– Erhöhtes Blitzen: Der Blitz sitzt dann oberhalb der Kamera, sodass das Blitzlicht nicht frontal in die Augen fällt, sondern leicht darüber. Das Licht tritt seitlich durch die Pupillen ein und wird nicht mehr direkt in die Kameralinse zurückgeworfen. Die Augen bleiben dann dunkel.

– Im Nachhinein per Computerprogramm die roten Augen entfernen. Doch wenn man da nicht aufpasst, erkennt man die Tante nachher nicht mehr!

Bewerbungsgespräch oder
Warum sind **Kanaldeckel** rund?

60 Die nächste Stunde kann Ihr Leben verändern. Den neuen Anzug haben Sie, wie empfohlen, vorher schon mal getragen und beim Friseur waren Sie auch, denn allzu lange Haare können gerade in alteingesessenen Firmen einen eher schlechten Eindruck hinterlassen.

Bewerbungsgespräche sind aufregend! Im Vorzimmer herrscht eine gefährlich ruhige Atmosphäre. »Es dauert noch einen Moment, nehmen Sie doch bitte Platz.« Unternehmensberater wollen Sie werden. Unter Hunderten von Bewerbern hat man Sie eingeladen, Sie stehen kurz vor dem Ziel. Dann geht die Tür auf.

Sein Büro ist groß und sehr aufgeräumt. Der Personalchef wirkt höflich und übertrieben heiter. Richtig, Sie sollten eine positive und selbstsichere Ausstrahlung vermitteln. Der Händedruck ist fest.

Zunächst wird er über Ihre Vergangenheit sprechen, dann fragen, wo Sie studiert haben, welche Berufsziele Sie haben und ob Sie flexibel sind. Seine Sprache ist präzise, seine Wortwahl professionell und seine Fingernägel sind gepflegt. Sie haben im Internet recherchiert, kennen das Unternehmen und er kennt Sie und spricht Sie auf Ihre Jugendsünden an – denn auch er hat einen Internetzugang. Es folgen wirtschaftliche Themen. Sie sind gut vorbereitet. Wie groß ist der Markt für Babywindeln in Deutschland? Unternehmensberater müssen offen sein und kreativ denken, Sie überschlagen: Wie viele Kleinkinder gibt es? Wie oft wird die Windel täglich gewechselt? Gibt es Mädchen- und Jungenwindeln ...? Er lauscht und nickt zufrieden. Und dann taucht die Frage auf: »Warum sind Kanaldeckel rund?« Ihnen bricht der Schweiß aus. Vielleicht eine Fangfrage? Sie kontern: »Die sind doch eckig, oder?« Nein, Kanaldeckel oder Schachtdeckel darf man nicht mit den Gully-Deckeln verwechseln. Die sind für das abfließende Wasser gedacht und sind in der Tat eckig. Unter dem runden Schachtdeckel hingegen verbirgt sich der Abstieg in die Kanalisation.

»Abstieg? Oh ja ...« Jetzt müssen Sie alles geben: Was spricht für rund? Rund kann man rollen. Ein solcher Deckel wiegt gute 50 Kilo. Beim rechteckigen Deckel hat man keine Chance und verhebt sich. Ihr Gegenüber schweigt durch seine fleckenlose Brille.

Argument zwei: Die Sicherheit. Ein eckiger Deckel kann durch die Öffnung nach unten fallen: Wenn man ihn querstellt, passt er durchs Loch. Den runden Deckel kann man hingegen wenden, wie man will, er ist immer größer als die Öffnung. Das Schweigen des Personalchefs ist eine Aufforderung zum Weiterdenken.

Runde Deckel passen immer, die muss man nicht ausrichten. Und der Schacht nach unten ist auch rund, denn von oben betrachtet ist auch ein Mensch eher rundlich, das passt! Ein rundes Rohr ist ohnehin wesentlich stabiler als ein viereckiger Schacht. Wenn der Deckel fehlt, gibt es keine scharf und spitz zulaufenden Ecken wie bei der rechteckigen Form. Ein Autoreifen wird nicht so schnell zerstört. Und dann gibt es die Argumente der Fertigung: Runde Teile lassen sich einfacher herstellen als eckige ...

»Übrigens, wussten Sie, dass die meisten New Yorker Kanaldeckel in Indien gefertigt werden? – Sie hören von uns ...«, verabschiedet er Sie.

Beim Verlassen des Gebäudes fällt Ihr Blick auf unzählige Kanaldeckel. Alle sind rund. Woher die wohl kommen? Indien, China oder Russland? Wer kam bloß auf die Idee, diese Teile Tausende Kilometer weit weg fertigen zu lassen? – Bestimmt ein schlauer Unternehmensberater!

Warum dreht sich der **Uhrzeiger** immer rechts herum?

61 »Oh dear! Oh dear! I shall be late!«

Lewis Carroll

Die zauberhafte Geschichte von Alice im Wunderland beginnt mit einem gehetzten weißen Kaninchen, das auf seine Uhr blickt, bevor es in der Erde verschwindet. Alice erlebt viele aufregende Abenteuer und stellt immer wieder kluge Fragen. Wie wäre es mit dieser:

Uhren mit Zifferblättern haben alle eine Besonderheit: Die Zeiger drehen immer rechts herum. Warum?

Die Ursache hierfür liegt in einer Zeit, in der es noch keine tickenden Uhren gab. Menschen orientierten sich damals am Lauf der Sonne. Niemand war gehetzt, doch es war auch schwer, sich zu einem bestimmten Zeitpunkt zu verabreden. Vor etwa 5.000 Jahren tauchten die ersten Sonnenuhren auf: Ein Stab, auf den Sonnenlicht fiel, warf einen Schatten, an dem man dann die Uhrzeit grob ablesen konnte. Die Sonne bewegt sich immer gleich über dem Horizont: Sie geht im Osten auf und wandert Richtung Süden weiter, bis sie schließlich im Westen untergeht.

Schaut man sich den Schatten einer Sonnenuhr an, erkennt man, dass er genau wie die Sonne »rechts« herum wandert. Er folgt dem Lauf der Sonne. Mit der Zeit wurden die Sonnenuhren immer genauer. Manche waren rundlich, andere waren geneigt, sodass der Stab parallel zur Erdachse zeigte.

Man berücksichtigte den unterschiedlichen Sonnenstand, der je nach Jahreszeit anders ist, doch der Schatten verlief immer rechts herum.

Jahrhundertelang prägte der Sonnenschatten unser Zeitempfinden. Offensichtlich gab es auch Tage, an denen Zeitbestimmung nicht möglich war, nämlich dann, wenn der Himmel wolkenverhangen war. (Welch tolle Ausrede: »Tut mir leid, dass ich zu spät bin, es ist bewölkt!«) Im frühen Mittelalter tauchten die ersten mechanischen Uhren auf. Über ein kompliziertes Räderwerk versuchte man, den Tageslauf der Sonne nachzuahmen, das Ticken begann, den zeitlichen Ablauf in Kirchen und Klöstern zu bestimmen. Diese Zeigeruhren drehten immer rechts herum – genau wie der Schatten der Sonnenuhr. Und so wurde der »Uhrzeigersinn« festgelegt.

Doch da gibt es eine wichtige Tatsache, die wir gerne vergessen: Auf der Südhalbkugel steht alles »auf dem Kopf«. Statt von links nach rechts, wandert die Sonne dort von rechts nach links und auch der Schatten der Sonnenuhren ist vertauscht. Wäre die mechanische Uhr in Australien oder einem anderen Land der südlichen Hemisphäre erfunden worden, dann würden unsere Uhren jetzt anders ticken!

Warum fällt der Toast immer auf die Marmeladenseite?

62
»I've never had a piece of toast
particularly long and wide,
but fell upon a sanded floor,
and always on the buttered-side.«

James Payn

Ein Klassiker: Sie frühstücken, eine kleine Unachtsamkeit und der geschmierte Toast landet auf dem Boden – und zwar auf der Marmeladenseite. Zunächst glaubt man an Zufall. Er könnte ja mal auf der einen und mal auf der anderen Seite landen, doch wenn man es wiederholt, merkt man schnell: Der Toast landet einfach immer wieder auf der Marmeladenseite. Und zwar unabhängig davon, ob es sich um Erdbeer- oder Brombeermarmelade handelt.

Nimmt man den Fall in Zeitlupe auf, kann man einen wichtigen Effekt erkennen: Sobald das Toastbrot vom Tisch geschoben wird, neigt es sich. Durch das Wegschieben über die Tischkante beginnt eine Drehbewegung, die sich während des gesamten Falls fortsetzt. Nach etwa einer halben Umdrehung landet das Brot auf dem Fußboden, eben auf der Marmeladenseite. Könnte es länger fallen, würde es sich weiter drehen, doch hier spielt die Norm eine Rolle: Die Höhe eines Esstischs liegt bei 75 cm und ist sogar für die gesamte Europäische Union festgelegt! Selbst das Toastbrot hält sich an vorgegebene Standards und misst genau 9 x 9 cm. Physikalisch führen diese festen Vorgaben zu einer immer wieder ähnlichen Drehgeschwindigkeit und somit zur Landung auf der falschen Seite.

Es gibt nun mehrere Gegenmittel: Sie können ein kleineres Toastbrot verwenden: Die Drehung ist dann schneller. So landet zum Beispiel ein Zwieback nicht ständig auf der Marmeladenseite. Doch wenn Sie auf Ihr – normiertes – Toastbrot bestehen, gibt es noch eine andere Lösung: Die Fallstrecke erhöhen! Denn mit den Gesetzen des Falls ergibt sich eine interessante »Toastbrotformel« (h entspricht der Fallhöhe und l der Länge des Toastbrotes, g der Erdbeschleunigung, t der Fallzeit):

$$t = \sqrt{\frac{2h}{g}}$$

$$u = 0{,}956 \times \sqrt{\frac{g}{l}} \times \frac{1}{2\pi} \times \sqrt{\frac{2h}{g}} + 0{,}083 = 0{,}152 \times \sqrt{\frac{2h}{l}} + 0{,}083$$

Die Zahl der Umdrehungen (u) ist abhängig von der Quadratwurzel der Tischhöhe. Je höher die Fallstrecke, desto länger die Fallzeit und desto weiter dreht sich auch die Toastscheibe. Statt zu rechnen, kann man es auch ausprobieren: Ab etwa 120 cm bleibt genügend Zeit, damit der Toast so weit dreht, dass er auf der Unterseite landet.

Das Problem ist also leicht gelöst: Frühstücken Sie doch einfach im Stehen, an einer hohen Theke oder einem Stehtisch. Auf Brötchen umzusteigen hilft übrigens auch nicht – auch die Brötchenhälfte landet auf der Marmeladenseite!

Gab es Literatur als olympische Disziplin?

Höher, schneller, weiter: Sportliche Herausforderungen

Wieso ist ein Marathon
genau 42,195 Kilometer lang?

63 Eine der härtesten olympischen Disziplinen ist der 42,195 Meter lange Marathonlauf. Wie ist es eigentlich zu der krummen Zahl gekommen?

Der Marathonlauf gehört zur Tradition der Olympischen Spiele der Antike. Er soll zurückgehen auf den Krieg der Perser gegen Athen im Jahr 490 v. Chr. Ein Bote lief nach der Schlacht von Marathon nach Athen, um die Nachricht vom Sieg der Athener zu überbringen. Das sind etwa 40 Kilometer. Danach brach er zusammen – so die Legende.

Bei den ersten Olympischen Spielen der Neuzeit 1896 in Athen wurde die Distanz von exakt 40 Kilometern gewählt, doch in den Folgejahren wurde die Entfernung immer wieder den jeweiligen Örtlichkeiten angepasst.

Die Olympischen Spiele von 1908 sollten ursprünglich in Rom ausgetragen werden. Doch 1906 brach der Vesuv aus und verwüstete das nahe gelegene Neapel. Der Wiederaufbau verschlang Millionen. Die römischen Staatsfinanzen waren so angespannt, dass man auf Olympia verzichtete. London sprang kurzfristig ein und wurde zum Austragungsort der Sommerspiele von 1908.

Damit die Prinzessin von Wales den Marathonstart von ihrem Fenster in Windsor Castle miterleben konnte, begann das Rennen von der Ostterrasse des Gebäudes. Nun wollten die königlichen Besucher auch den Einlauf der erschöpften Läufer nicht verpassen. Und so wurde die Ziellinie genau vor die Loge der Königsfamilie im White City Olympiastadion gelegt. Die »Londoner Distanz« betrug 26 Meilen und 385 Yards, also exakt 42,195 Kilometer.

Das Rennen selbst verlief dramatisch: Der Italiener Dorando Pietri stürzte fünfmal, ließ sich wieder auf die Beine helfen und siegte schließlich, wurde aber wegen der fremden Hilfe disqualifiziert. Und so gewann der Amerikaner Johnny Hayes trotz 32 Sekunden Rückstand die Goldmedaille. Dieser kontroverse Sieg prägte noch Jahre danach das Image des Marathonlaufs. Erst 1921 legte der internationale Leichtathletikverband (IAAF) die heute noch übliche Marathondistanz endgültig fest.

Eine krumme Zahl: 42,195 Kilometer. Und schuld daran sind ein Vulkanausbruch und die Neugier der britischen Königsfamilie!

Warum hat ein
Golfball Dellen?

64 Die Küste des im Osten Schottlands gelegenen St. Andrews ist wild und wunderschön. Am Strand verlaufen zahllose Sanddünen zwischen saftigem Gras. Hier erfanden Menschen vor 600 Jahren einen Sport, der inzwischen weltweit zum Symbol des Establishments zählt: Golf! Während Dreharbeiten an der Universität von St. Andrews, die nicht das Geringste mit dieser Sportart zu tun hatten, wohnte ich im Rusacks Hotel unmittelbar am »Old Course«. Vom Frühstücksraum aus hatte man eine direkte Sicht auf das *Green*. Daneben befindet sich der »Royal and Ancient Golf Club of St. Andrews«, oft auch R&A genannt. Es ist *die* Institution, die über die zahlreichen Golf-Regeln wacht.

Obwohl ich kein Golf spiele, zwang mich meine Neugier, das Mekka des kleinen Balls näher zu erkunden. Beim Betreten des Rasens war ich zunächst zögerlich, denn in Großbritannien herrschen ganz eigene Gesetze: Zwei Jahre zuvor, während eines Vortrags, den ich an der Universität Oxford gehalten hatte, lernte ich vom Institutsleiter, dass einfache Studenten den dortigen Rasen nicht betreten durften. Dies sei Professoren und auch mir als »Lecturer« vorbehalten!

Mit demütiger Höflichkeit betrat ich also das *Green* des R&A, nachdem ich zwei etwa 16-jährige Spieler um Erlaubnis gebeten hatte. Die beiden Jungs wirkten keinesfalls arrogant und erklärten mir, dass Golf in St. Andrews ein Volkssport für Familien, Kinder und Jugendliche sei. »Andere spielen Fußball oder Rugby, wir spielen Golf.« Meine innere Spannung löste sich und ich erkannte rasch, dass dieser historische Platz wohl nicht die Heimat von Hochnäsigkeit und Schickimickis war. Die Bescheidenheit der dortigen Spieler war ein wohltuender Kontrast zu so manchen anderen Plätzen! »Wollen Sie es auch versuchen?«, fragte einer der Jungs und reichte mir seinen Schläger. Mein Ball landete im Nirgendwo, wir lachten und seitdem kann ich mich zumindest rühmen, einen einzigen Ball auf dem heiligsten Golfplatz der Welt geschlagen zu haben.

Golfbälle haben ungewöhnlich kleine Einkerbungen. Früher waren sie glatt, doch irgendwann machten Spieler eine interessante Beobachtung: Ältere Bälle, die ein wenig »zertitscht« waren, flogen deutlich weiter als frische, glatte Bälle. Die Spieler begannen daher absichtlich, mit Messern kleine Mulden und Muster in die Oberfläche zu ritzen.

Erst später verstand man die Ursache dieser Verbesserung: Nach dem Schlag saust der Ball durch die Luft und seine Oberfläche wird vom Fahrtwind umströmt. Hierbei teilt der Ball die Luft, die sich hinter ihm wieder vereint. Je besser ein Körper diese Teilung und anschließende Wiedervereinigung der Luftströmung schafft, desto windschnittiger ist er. Bei niedrigen Geschwindigkeiten klappt das bei einem Ball noch ganz gut, doch bei hohen Geschwindigkeiten entstehen auf der Rückseite Verwirbelungen. Die glatten Luftschichtungen am Ball reißen ab und bringen auch die anschließende Vereinigung der Luftschichten durcheinander. Diesen aerodynamischen Ballast schleppt der fliegende Ball mit sich und wird dadurch stark abgebremst.

Durch die kleinen Dellen im Golfball gibt es viele Unebenheiten. Dadurch entstehen beim Fliegen überall auf der Oberfläche kleine lokale Verwirbelungen. Es ist, als würde der Ball in der Luft durch diese Verwirbelungen verpackt. Nach dem Abschlag bewegt sich also nicht mehr ein glatter, harter Ball durch die Luft, sondern eine in sich bereits verwirbelte Kugel, und diese besitzt einen weit geringeren Widerstand. Die Strömung reißt nicht so stark ab und die Luft kann sich schneller wieder dahinter vereinen.

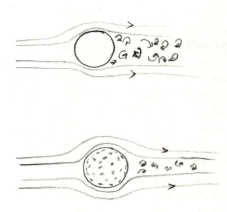

Im Windkanal hat man es genau untersucht: Der Luftwiderstand des glatten Balls ist mehr als doppelt so groß wie beim gedellten Golfball. Weniger Luftwiderstand bedeutet natürlich größere Flugdistanz.
Die *Dimples*, wie die Dellen noch genannt werden, machen den fliegenden Ball also windschlüpfiger. Die genaue Anzahl und die jeweilige Anordnung der Dellen sind eine Wissenschaft[4] für sich, bei der es genau wie beim Sport gilt, klare Regeln zu befolgen. Doch bei meinem Handicap spielt das keine Rolle!

Wie begann das
Doping?

65 »Schneller, höher, stärker« lautete ursprünglich das Motto der Olympischen Spiele. Später wurde daraus das bekannte »Schneller, höher, weiter«. Und immer wieder staunen wir über neue Bestleistungen und Weltrekorde. Doch bei aller Freude schleicht sich bei mir häufig die Frage ein: Geht da alles mit rechten Dingen zu – oder wird da ein bisschen nachgeholfen?

Vor über hundert Jahren stellten Zuschauer bereits dieselbe Frage: und zwar beim Pferdesport. Auf den großen Pferderennbahnen in Amerika entstand der Begriff des Dopings, ein neues Wort, abgeleitet von *dope*, das damals so viel bedeutete wie »eine gefährliche Medikamentenmischung«. Zwar gab es schon vorher akzeptierte Praktiken, Pferde vor dem Rennen mit Aufputschmitteln wie Alkohol und Kaffee fit zu machen, doch die »Nadel-Doktoren« arbeiteten anders.

Plötzlich siegten Pferde, die als Außenseiter galten, und bescherten den Beteiligten hohe Wettgewinne. Das Dopen brachte das Gefüge der Wettbuden durcheinander, und daraufhin begann man, das Pferdedoping auf den *Turfs* der Rennbahn zu untersagen. Doch im Geheimen wurde weiter gedopt. Obwohl ein Arsenal von Detektiven die Vorbereitungen vor dem Rennen überwachte, kam man den Tätern nicht auf die Schliche. Ihre Dopingmixturen hatten es in sich: »Doc« Ring, berüchtigt auf den Winterrennen in New Jersey, verabreichte seinen Pferden zum Beispiel einen Cocktail aus

Nitroglyzerin, Kokain und Rosenwasser, der die Vierbeiner kurzfristig aufputschte. Als Tierärzte feststellten, dass die behandelten Pferde an sonderbarem Knochenschwund litten und sich schon bei leichten Verletzungen die Knochen brachen, wurden die Mixturen verändert: Das Nitroglyzerin wurde durch Strychnin, Ingwer und Pfeffer ersetzt.

Ganze Rennställe standen im Verdacht zu dopen, stets im Verborgenen, denn nur so konnte man reich werden. Das »Übel des Turfs«[5] breitete sich aus, erreichte England, Europa und selbst das ferne Australien. Das Dopingproblem nahm derartige Ausmaße an, dass der österreichisch-ungarische Jockey Club im Winter 1900 ein generelles Dopingverbot auf den einheimischen Pferderennstrecken erließ.

Verbote gab es, Verbote gibt es, doch das Motiv für Doping ist geblieben, egal ob Wetteinsätze, Preisgelder oder lukrative Werbeverträge. Nur eines hat sich geändert: Die Pferde haben Gesellschaft bekommen!

Gab es Literatur als
olympische Disziplin?

66 »O Sport, Du Göttergabe, du Lebenselixier!
Der fröhlichen Lichtstrahl wirft in die arbeits-
schwere Zeit ...«

So beginnt 1912 die »Ode an den Sport«, ein Gedicht, angeblich von Georges Hohrod und Martin Eschbach. Wir haben
es fast vergessen, doch von 1912 bis 1948 wurden neben den
sportlichen Disziplinen auch olympische Kunstwettbewerbe[6]
ausgetragen, und zwar in den Bereichen Architektur, Musik,
Malerei, Bildhauerei und Literatur. Wie bei den sportlichen
Wettkämpfen kürte man die Gewinner mit Gold-, Silber-
und Bronzemedaillen. Das neunstrophige Werk »Ode an den
Sport« wurde von der Jury ausgezeichnet, erfüllte es doch
alle Kriterien des Wettbewerbs auf hervorragende Weise:
Gold! Doch nach der Entscheidung stellte sich heraus: Die
Autoren gab es gar nicht, ihre Namen waren frei erfunden.
Wem aber sollte man die erste Literatur-Goldmedaille der
Olympischen Spiele verleihen? Das Erstaunen muss groß gewesen sein, als sich herausstellte, dass der wahre Verfasser
kein Geringerer war als Pierre de Frédy, Baron de Coubertin,
höchstpersönlich, der Begründer der Olympischen Spiele der
Neuzeit! Er wollte Körper, Geist und Seele in den Spielen ver-
einigen und wurde selbst zum ersten Olympiasieger für Literatur! An »Befangenheit« hat wohl damals niemand gedacht,
heißt es doch in Strophe V:

»Und mit Verachtung würde der bestraft,
Der nur mit List und Täuschung die Palme sich erringen
wollte.«

Nicht nur der Sport, sondern auch die Kunst war also damals
fest mit Olympia verbunden.
Es gab sogar Sportler wie den ungarischen Schwimmer Al-
fréd Hajós, der zunächst im Schwimmen geehrt wurde und
Jahre später noch die Olympia-Goldmedaille für Architektur
in Paris gewann. Der US-Amerikaner Walter Winans glänzte
1912 nicht nur als Sportschütze, sondern auch als Bildhauer!
Als Luxemburger bin ich natürlich besonders stolz auf meinen Landsmann Jean Jacoby, den mit zweimal Gold in den
Disziplinen »Malerei« und »Zeichnungen, Aquarelle« erfolgreichsten Olympia-Künstler aller Zeiten!
Coubertins Vision von der Verbindung zwischen Kunst und
Sport stieß jedoch nicht überall auf Gegenliebe. Die Orga-
nisationskomitees wehrten sich gegen den Gedanken, argu-
mentierten mit finanziellen Problemen. Die Künstler selbst
waren auch nicht sehr engagiert: Bei der Premiere 1912 reich-
ten nur ganze 35 Kunstgladiatoren ihre Werke ein. 1949 löste
ein Bericht, der aufführte, dass viele Teilnehmer des Kunst-
wettbewerbs nicht, wie von Olympia gefordert, dem Ama-
teurstatus entsprachen, eine heftige Debatte aus. Coubertins
Traum platzte, als der IOC-Kongress im Jahre 1954 in Rom
die Kunstwettbewerbe endgültig strich.
Vorbei war seine Hoffnung auf die olympische Einheit von
Körper, Geist und Seele. So bewundern wir heute bei den
olympischen Zeremonien keine ausgezeichneten Aquarellie-
rer aus Australien und keine Gold-Chorsänger aus Kenia
mehr. Auch die Disziplin »Lyrische Literatur« erscheint auf
keinem Programm, und weder in Peking noch anderswo hat
ein Reporter live vom Finale der Bildhauer in der Kategorie

»Statue« berichtet. Wir haben keinen Applaus für die nassgeschwitzten Kupferstich-Athleten gehört, die von ihren Siegertreppchen winkten. Ein bisschen schade, oder?

Was bedeutet
Love:15?

67 Vielleicht ist auch Ihnen diese sonderbare Zählweise im Tennis aufgefallen: Ist es nicht eigenartig, wenn auf dem königlichen Rasen des *All England Lawn Tennis Club* Schiedsrichter *Love:15* rufen? Sie meinen den Zwischenstand 0:15 im Spiel, doch was hat die 0 mit Liebe zu tun?

Eine durchaus plausible Erklärung geht wie folgt: Die geschriebene Ziffer »0« gleicht einem Ei. Auf Französisch heißt »Ei« »L'oeuf«. Daraus entwickelte sich dann »Love«. Historiker bezweifeln jedoch die Richtigkeit dieser einfachen Begründung und verweisen auf eine andere Erklärung. Um die Antwort zu finden, muss man 400 Jahre in die Vergangenheit zurückgehen, zum Vorläufer des Tennis, dem *Jeu de Paume*, einem Ballspiel aus Frankreich, das sich in ganz Europa ausbreitete. In England, Deutschland, Spanien und auch den Niederlanden – überall wurden sogenannte Ballhäuser gebaut. Besonders bekannt ist das Ballhaus in Versailles, welches im Vorfeld der Französischen Revolution zur Versammlungsstätte der Angehörigen der Nationalversammlung wurde. Der bekannte »Ballhausschwur« führte später zum Sturz der Monarchie.

La Paume heißt übersetzt »die Handfläche«, denn ursprünglich schlug der Spieler den Ball mit der Hand. Schläger und Netz tauchten erst später auf, so auch der Schiedsrichter. Nicht nur das Spielfeld sah anders aus als beim Tennis; auch die Regeln des *Jeu de Paume* waren weit komplexer.

Wie bei fast allen Spielen aus dieser Zeit ging es auch hier um Geld. Der Einsatz: Ein *Gros Denier* pro ausgespieltem Ball. Vergab ein Spieler den Punkt, verlor er 15 Deniers, so viel war nämlich der Gros Denier wert. Vergab der Spieler auch den nächsten ausgespielten Ball, waren es weitere 15 Deniers. Das Spiel stand dann 0:30.

Diese seltsame Zählweise wurde später auch beim Tennis übernommen, doch in keiner Quelle aus jener Zeit wird erwähnt, dass die Engländer bei diesem Spiel *Love* statt null sagten. Dazu kam es erst durch die Religionskriege, die viele frei denkende Niederländer aus ihrer Heimat vertrieben. Aus Angst vor den katholischen Spaniern flüchteten einige nach England und bereicherten die Insel mit ihrer eigenen Kultur. So prägte der Einfluss dieser vertriebenen Niederländer auch die Sprache auf den englischen Spielfeldern, und ein niederländischer Spieler konnte zu seinem Gegner nach Spielverlust sagen: »Ik speel niet om Geld, maar omme Lof.« Das Geld war verloren, doch dem Verlierer blieb die Ehre: *Lof!*

Und so übernahmen die Engländer dieses niederländische Wort in ihre Zählweise. Und noch heute hören wir beim Tennis dann: *Love:15.* Es geht also um Ehre, wenn im Tennis von *Love* die Rede ist. Gut so, denn sonst wäre in diesem Spiel die Liebe nichts wert!

Warum wird einem übel, wenn man als Beifahrer liest?

Zu Lande, zu Wasser und in der Luft: Auto & Verkehr

Was ist Normal?
Und was Diesel?

68 Es gibt im Leben Situationen, da möchte man im Erdboden versinken. Mein Auto war neu, und in Gedanken versunken hatte ich an der Zapfsäule prompt Benzin statt Diesel getankt. Beim Bezahlen fiel es mir zum Glück auf. Mein neues und noch glänzendes Auto wurde auf einen Lkw geladen und in die Werkstatt gebracht. Der falsche Treibstoff musste aus dem Tank abgepumpt werden. Welch eine Schande! Es folgte eine regelrechte Prozession des Personals an mir und meinem Auto vorbei. Azubis schmunzelten, Mechaniker grinsten: »Dass ausgerechnet Ihnen so etwas passiert!« Ja, auch mir passiert so etwas! Als »Dankeschön« stiftete ich Eis für alle. Doch heute noch werde ich von den Meistern angefrotzelt: »Na, richtig getankt ...?«

Da liegt die Frage nah: Was ist eigentlich der Unterschied zwischen Diesel und Benzin? Am Anfang steht immer eine zähflüssige, stinkende Masse: Rohöl. Dabei handelt es sich um einen Mix aus 500 verschiedenen Stoffen. Damit kann man zunächst nicht viel anfangen, doch in den Raffinerien wird diese zähe Masse verfeinert. In einem Trennprozess wird das Gemisch unterschiedlich langer Kohlenwasserstoffketten aufgespalten und sortiert. *Cracking* nennt man das in der Fachsprache.

Der entscheidende Unterschied zwischen Diesel und Benzin besteht darin, dass die Kohlenwasserstoffketten im Benzin kürzer sind als im Diesel. Je kürzer die Kette, desto flüchtiger und entzündlicher ist der Treibstoff: Benzin ist also leichter entflammbar als Diesel. Der Benzinmotor funktioniert anders als der Diesel – das kann man schon als Laie hören! Damit der Motor rund läuft, gibt es in beiden Treibstoffen noch diverse chemische Zusätze. Diese verhindern zum Beispiel Fehlzündungen, wie sie zu den Anfangszeiten des Automobils vorkamen.

Dieselfahrzeuge gelten als besonders sparsam, doch Vorsicht: Ein Liter Diesel ist schwerer als ein Liter Benzin. Und bei der Verbrennung entsteht aufgrund der längeren Kohlenwasserstoffketten deutlich mehr CO_2: 7,6 Liter Diesel erzeugen genauso viel CO_2 wie 10 Liter Benzin!

Bei einem fairen Vergleich des Treibstoffverbrauchs verschiedener Autos sollte man diesen Umstand berücksichtigen. Objektiver erscheint daher die Gegenüberstellung des CO_2-Ausstoßes. Noch ist Diesel günstiger als Benzin, doch in Zukunft wird sich der Spritpreis direkt am CO_2-Ausstoß orientieren. Übrigens gibt es kaum einen Unterschied zwischen Diesel und normalem Heizöl. Natürlich wird Heizöl kaum besteuert und ist daher wesentlich billiger. Während meiner Jugend fuhren besonders pfiffige Freunde mit billigem Heizöl statt mit teurem Diesel. Das war natürlich verboten und die Angst vor Polizeikontrollen war berechtigt: Das Heizöl war eingefärbt und anhand einer Probe leicht zu erkennen. Heute würde ich Ihnen diesen Billigkraftstoff nicht empfehlen, denn inzwischen finden sich im Dieselkraftstoff eine ganze Reihe von Zusätzen. Moderne, hochgezüchtete Motoren vertragen längst nicht mehr das einfache Heizöl. Bleibt also nur die Tankstelle. Diese fehlte zu Zeiten des ersten Automobils. Das Benzin kaufte man damals in der Apotheke. Davon haben sich die Preise bis heute nicht erholt.

Warum wird einem übel, wenn man als **Beifahrer** liest?

69 Als Kind habe ich das Autofahren gehasst und noch heute gibt es diese Momente, in denen mir schlecht wird. Zum Beispiel, wenn ich als Beifahrer die Karte lese. Warum ist das so? Die Reise- oder Bewegungskrankheit wird durch einen Konflikt unserer Sinne hervorgerufen. Neben den Informationen unseres Sehsinns werden auch die Daten unseres Gleichgewichtsorgans im Innenohr sowie Daten über Körperempfindung und Bewegung in unserem Gehirn ausgewertet. Wenn man die äußeren Bewegungen im Verhältnis zu Fixpunkten nicht ständig optisch verfolgt, kann es zu Missverhältnissen der Signale bei der Verarbeitung im Gehirn kommen. Wie in einem Computer werden die eintreffenden Signale mit gewohnten gespeicherten Mustern verglichen. Fehlermeldungen können nicht zugeordnet werden und aktivieren dann eine ganze Kaskade von Symptomen: von Schweißausbrüchen, Gähnen, Müdigkeit, Schläfrigkeit, Abgeschlagenheit, bis hin zu Kopfschmerzen, Zwangsschlucken und dem gefürchteten Brechreiz.

Wenn man zum Beispiel während der Fahrt im Auto liest, kommt es zu einem solchen Konflikt: Das lesende Auge signalisiert »alles ist ruhig«, während der Gleichgewichtssinn die Kurven registriert und meldet »alles bewegt sich«. Und schon geht es los: Der Körper reagiert zunächst mit Schweißausbrüchen, im Blut steigen die Stresshormone und irgendwann meldet sich der Magen …

Kinder sind zunächst weniger anfällig, doch während der Pubertät reagieren sie dann umso stärker. Frauen und Männer sind im gleichen Maße betroffen.

Auf See erlebt man dasselbe Phänomen, denn an Bord des schaukelnden Schiffs gibt es denselben Konflikt der Sinne. Im Schiffsinneren scheint beim Hinsehen alles ruhig zu sein, doch unser Gleichgewichtsorgan registriert das ständige Auf und Ab der See. Astronauten erleben ein gespiegeltes Phänomen: Das Gleichgewichtsorgan ist aufgrund der Schwerelosigkeit in seiner Funktion gestört und meldet: »Alles ruht«, während das Auge ständig Bewegungen wahrnimmt. Nach Schätzungen sind zwei Drittel aller Astronauten von diesem Syndrom geplagt, doch das wird uns gerne verheimlicht.

Wenn man sich die Bilder der winkenden Astronauten genauer ansieht, kann man ihren Zustand erahnen: Wenn uns übel ist, bewegen wir den Kopf kaum hin und her. Bei winkenden Astronauten sieht man auffällig oft diesen typisch steifen Hals!

Offiziell sind die »harten Kerle« natürlich wohlauf. Allenfalls gibt es ein »leichtes medizinisches Problem«. Lesende Kinder, Seebären und Raumfahrer können also an derselben Reisekrankheit leiden, doch mit der Zeit gewöhnt sich der Körper an die neue Situation, und nach zwei Tagen auf See oder im Weltraum sind die Symptome meist verschwunden. Gegen die Reisekrankheit gibt es mehr oder weniger hilfreiche Mittel: Von Akupressur über Ingwerpräparate bis hin zu Antihistaminika. Letztere unterdrücken zwar den Brechreiz, bewirken jedoch eine starke Ermüdung. Bei mir jedenfalls scheint nichts so richtig zu helfen, egal ob beim Lesen in der Kurve oder in der Schwerelosigkeit. Wahrscheinlich mag ich eben keine (Sinnes-)Konflikte!

Gestatten Sie mir noch eine persönliche Anmerkung: Als Journalist habe ich mich stets bemüht, ehrlich über Dinge zu berichten. Vor einigen Jahren bekam ich im Rahmen einer Sendung die Chance, an einem Parabelflug teilzunehmen. In großen Flugzeugen, deren Flugbahn einer Parabel entspricht, lässt sich für etwa 30 Sekunden der Zustand der Schwerelosigkeit erzeugen. (Siehe Kapitel *Wie entsteht Schwerelosigkeit?*) Weltraumorganisationen nutzen diese Möglichkeit, um angehende Astronauten auf einen Raumflug vorzubereiten. Das Erlebnis der eigenen Schwerelosigkeit ist in der Tat grandios. Man schwebt ohne Halt durch den mit Schaumstoff ausgekleideten Rumpf der Maschine, schlägt mühelos Salti oder gleitet mit einem leichten Schubs durch den Raum. Im Laufe einer solchen Tour werden etwa 30 Parabeln geflogen. Es ist ein Wechselspiel zwischen Schwerelosigkeit und den eher unangenehmen Phasen erhöhter Beschleunigung, während derer die Crew das Flugzeug wieder abfängt. Trotz aller Begeisterung wurde mir nach einiger Zeit schlecht. Ich hatte es zuvor schon geahnt und daher den Kameramann instruiert, *alles* zu filmen. In der Fernsehsendung sah man also auch meine »unschönen Bilder«. Interessant fand ich die Reaktion vieler Zuschauer, denn von keinem Astronauten hatte man solche Bilder gesehen. Ich erschien plötzlich wie eine Ausnahme, nur weil es keine Bilder ebenfalls leidender Raumfahrer gibt.

Während einer Mission auf der Internationalen Weltraumstation war einmal ein mir bekannter Physiker an Bord. Zwei Tage lang muss er furchtbar gelitten haben und war unfähig, den geplanten Weltraumspaziergang zu absolvieren. In den Nachrichten war mal wieder nur von einem »leichten medizinischen Problem« die Rede ...

Woher stammt
der Begriff »Blog«?

70 Manchmal halten wir an längst überholten Symbolen, Begriffen und Ritualen fest: Noch vor Kurzem begegneten einem als Autofahrer »Schulwegschilder«, auf denen ein großer Junge und ein kleineres Mädchen zu sehen waren. Das kleine Mädchen auf dem Schild trug einen Rock, obwohl heute fast alle Kinder Hosen tragen. In amerikanischen Serien klingelt das Telefon immer noch mit einem »Ring ... Ring«, obwohl das klassische Bimmeln längst durch elektronische Töne ersetzt wurde. Kirchen spielen heute zur Messe das Glockengeläut per Lautsprecher ein, und auf den Desktops moderner Computer findet sich ein virtueller Papierkorb, den man mit einem Mausklick leeren kann. (Wie praktisch wäre das beim richtigen!)

Offensichtlich brauchen wir in Zeiten des Fortschritts bekannte Bilder und Metaphern, an denen wir uns festhalten können. Manchmal kommt es sogar zu seltsamen Mixturen, wenn das Neue mit dem Alten verschmilzt. Ein Paradebeispiel für eine solche »Mischehe« ist der Begriff »Blog«. Das Wort setzt sich aus *World Wide Web* und *Log* zusammen (*web-log*) und erinnert an das alte Logbuch der Seefahrer.

Früher war es keinesfalls einfach, auf dem Meer zu navigieren. Zwar gab es schon früh den Kompass, doch ein großes Problem war die Ermittlung der Geschwindigkeit, denn ohne eine Referenz auf offener See und ohne moderne Geschwin-

digkeitsmesser wusste niemand, wie viel Strecke man mit dem Segelschiff zurücklegte.

Der ursprüngliche Geschwindigkeitsmesser der Seeleute war ab Ende des 16. Jahrhunderts ein dreieckiges Holzbrett, auf Englisch auch *Log* genannt. Es war mit Blei beschwert und an einer Leine befestigt. An der Leine, auch Logleine genannt, waren in einem festen Abstand Knoten angebracht. Das Brett, die sogenannte Logscheit, wurde während der Fahrt am Schiffsheck ins Wasser geworfen und trieb dann nahezu an derselben Stelle, während das Schiff sich immer weiter entfernte. Je schneller das Schiff fuhr, umso rascher wurde die verbindende Leine abgerollt.

Während eine Sanduhr, das Logglas, ablief, wurde die Länge der abgerollten Leine ermittelt: Man zählte ganz einfach die Anzahl der Knoten bis zum Ablauf der Uhr. Während einer fest vorgegebenen Zeit wurde also eine Länge bestimmt. Segelte das Schiff schneller, war die Zahl der abgerollten Knoten höher. Auf diese Weise ermittelte man also die Schiffsgeschwindigkeit und notierte diese dann ins sogenannte *Logbuch*. Nach und nach wurden auch andere Dinge in dieses Buch notiert, und so wurde das Logbuch zum Schiffstagebuch. Die Knoten waren und sind noch heute das Geschwindigkeitsmaß in der Seefahrt. Ein Knoten entspricht dabei einer Geschwindigkeit von einer Seemeile pro Stunde, das sind 1,852 km/h. (Was das Besondere an dieser Einheit ist, erfahren Sie in dem Kapitel *Warum rechnet man in der Seefahrt in Seemeilen?*)

Natürlich konnte man mit der Logmethode nur die relative Geschwindigkeit zwischen Boot und Wasser ermitteln. Meeresströmungen wurden nicht erfasst, da sie sich gleichermaßen auf das Schiff und auf die im Wasser treibende Logscheit auswirkten, und so navigierten unerfahrene Seeleute häufig mit größeren Fehlern. Gute Offiziere waren indes in der Lage, die Strömungen an der Meeresoberfläche abzulesen, eine Kunst, die heute weitestgehend verschwunden ist. Heutige Mannschaften blicken auf Computermonitore, denn Kurs und Geschwindigkeit werden bequem per GPS ermittelt.

Trotz aller Technik, eines ist geblieben: Das Logbuch, im Internet unter dem Namen »Weblog« oder »Blog«. Im Ozean der Daten stößt man immer wieder darauf.

Wie viel CO_2
produziert ein Auto?

71 Fortschritt treibt auch seltsame Blüten! Mit Vernunft kann ich mir so manche Entwicklung nicht erklären: Warum in aller Welt fahren manche Menschen mit allradgetriebenen Geländewagen in unseren Städten herum? Vielleicht weil es irgendwie stylish wirkt? In welcher Einkaufsstraße ist der Schlamm wohl so tief, dass nur ein solches Fahrzeug durchkäme? Völlig übermotorisierte Protzkarren schleichen da im Schritttempo auf der Suche nach geeigneten Parkplätzen herum. Ihr Benzinverbrauch ist exorbitant und ihr Schadstoffausstoß eine Sünde. Immer wieder ist zwar die Rede vom Klimakiller CO_2 (Kohlendioxid), doch viele scheinen dies zu überhören.

Welch ein Pech: Das Gas, welches mitverantwortlich ist für die Erderwärmung, ist unsichtbar. Wäre es dunkel gefärbt und trübe, verhielten wir uns bestimmt anders, denn die dicken Rauchschwaden würden jeden Verursacher in aller Öffentlichkeit entlarven. Doch CO_2 kann man eben nicht sehen, und so haben viele von uns kein Gefühl dafür, wie viel CO_2 unser Auto eigentlich produziert.

Ein konkretes Beispiel (ich unterstelle Ihnen, dass Sie nicht zu den Geländefahrern zählen): Also, Sie fahren ein Mittelklasseauto, dessen Verbrauch bei 8 Litern Benzin pro 100 Kilometer liegt, das Tankvolumen beträgt 55 Liter. Da Benzin leichter ist als Wasser – sein spezifisches Gewicht liegt bei 0,72 kg/Liter –, ergeben sich etwa 40 Kilogramm Benzin pro

Tankvorgang. Dieses Benzin wird im Motor verbrannt. Dabei verbindet sich der Kohlenstoff im Benzin mit dem Sauerstoff aus der Luft und daraus ergibt sich das CO_2. Ein Baustein aus dem Benzin, zwei Bausteine aus der Luft.

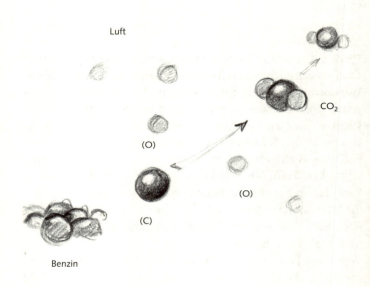

Sauerstoffatome sind jedoch schwerer als Kohlenstoffatome, denn ihr Atomgewicht beträgt 16, das des Kohlenstoffs hingegen nur 12. Das Ergebnis der Verbrennung, das CO_2-Molekül, setzt sich also aus zwei schweren Atomen aus der Luft (Sauerstoff) und einem leichteren Atom (Kohlenstoff) aus dem Benzin zusammen. Für den Laien ist es keinesfalls intuitiv ersichtlich, doch beim Verbrennen von Benzin ist das Ergebnis schwerer als das ursprüngliche Gewicht des reinen Benzins. Ein einzelnes CO_2-Molekül ist 3,6-mal so schwer wie ein einzelnes Kohlenstoffatom. Ein Kilo Benzin, das im

Wesentlichen aus Kohlenstoffatomen besteht, führt also bei der Verbrennung zu über 3 Kilogramm CO_2! Es entsteht somit weit mehr Kohlendioxid, als das Benzin selbst wiegt. Mit jeder Tankfüllung produziert Ihr Auto aus dem obigen Beispiel etwa 150 Kilo CO_2 und schon nach knapp neunmal Volltanken haben Sie beim Fahren so viel CO_2 produziert, wie Ihr gesamtes Auto wiegt! Bei einer Jahresfahrleistung von 12.000 Kilometern pusten Sie also das doppelte Gewicht Ihres Autos an CO_2[7] in die Atmosphäre. Und das jedes Jahr! Geländewagen verbrauchen entsprechend mehr Benzin und so belasten sie unsere Atmosphäre nach jedem dritten gefahrenen Kilometer mit einem Kilo CO_2!

Doch da es unsichtbar ist, wird gestylt statt gedacht ...

Was passiert bei
Aquaplaning?

72 Übers Wasser laufen können wir leider nicht, aber mit dem Auto übers Wasser fahren ist möglich. Sie glauben das nicht?

Meine Fernsehkollegen haben einen extremen Versuch unternommen: Mit einem schnellen Gefährt mit breiten Reifen sind sie mit Vollgas über einen tiefen See gefahren! Dank Aquaplaning überquerten sie dabei eine Distanz von knapp einem Kilometer. Nur dank der hohen Geschwindigkeit klappte das Experiment, denn die großen Räder wurden auf dem Wasser zu Schaufeln, die den Wagen auch weiterhin antrieben. Bei einer leichten Bremsung wäre das Fahrzeug sofort untergegangen. Aber wie funktioniert das?

Entscheidend für unsere Sicherheit im Auto ist der gute Kontakt zwischen den Reifen und der Fahrbahn. Während der Fahrt im Regen muss der Reifen das Wasser auf der Straße verdrängen, damit er den direkten Kontakt mit dem Teerbelag behält, denn nur so lässt sich das Auto lenken. Ein Teil des Wassers spritzt dabei zur Seite, doch das alleine reicht oft nicht aus. Durch das Reifenprofil strömt das Wasser in die Profilkanäle und sorgt dafür, dass die Reifenoberfläche immer noch Kontakt mit dem Straßenbelag hat.

Doch bei höherer Geschwindigkeit beginnt der Reifen eine kleine Bugwelle aufzubauen. Vor dem Reifen entsteht ein Keil aus Wasser, die Haftung nimmt ab. Fährt man noch schneller, schiebt sich dieser Wasserkeil unter den Reifen. Das Auto hebt bei einer kritischen Geschwindigkeit von etwa 90 km/h plötzlich ab und gleitet dann übers Wasser. Die Bremskräfte und Lenkbewegungen werden nicht mehr auf die Fahrbahn übertragen und der Wagen ist nicht mehr kontrollierbar. Ab wann dieses Phänomen auftaucht, hängt von verschiedenen Faktoren ab. Neben der Geschwindigkeit und der Wassertiefe spielen auch Radlast, Luftdruck und vor allem die Profiltiefe eine wichtige Rolle.

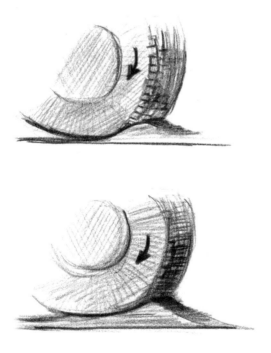

Bei der Formel 1 sind die typischen Rennreifen auf trockener Straße zum Beispiel glatt, damit sie möglichst viel Kontakt zur Fahrbahn haben. Dieser Vorteil wird bei nasser Bahn zum

Nachteil und beim kleinsten bisschen Regen wird auf profilierte Reifen gewechselt. Das Wasser auf der Fahrbahn wird in die Profilrillen gedrängt und so hat zumindest noch ein Teil des Reifens direkten Kontakt zur Straße. Abgenutzte Reifen mit wenig Profil fangen weniger Wasser ab und sind auf nasser Fahrbahn gefährlich! In den Profilrillen gibt es kleine Höcker, an denen man leicht überprüfen kann, ob das vorgeschriebene Profil unterschritten wird.[8]

Wenn man ins Rutschen kommt, gibt es nur eines: runter vom Gas und nicht bremsen! Denn sonst vergrößern Sie die Wasserdecke unter Ihren Reifen und rutschen noch länger. Das beste Rezept gegen Aquaplaning ist ohnehin langsames Fahren, es sei denn, man fährt über einen See ...

Wie funktioniert
ein **Airbag?**

73 Der Wagen von Gerhard S. glich einer modernen Plastik. Die Motorhaube war ineinandergefaltet, die Frontscheibe zerborsten und das Blech der Beifahrertür war aufgerollt wie eine geöffnete Sardinendose. Gerhard S. hatte den Frontalunfall bei Tempo 80 mit nur leichten Verletzungen überlebt. Er verdankte sein Leben einem schlaffen Stück Stoff, das aus dem Lenkrad heraushing – ein Airbag.

Im Moment des Aufpralls hatte sich dieser Luftsack binnen Bruchteilen von Sekunden entfaltet und den nach vorne fliegenden Oberkörper abgebremst. Entscheidend bei jedem Aufprall ist neben dem Tempo die Bremsstrecke. Je länger diese ist, umso kleiner sind die dabei entstehenden Kräfte, denn die Bewegungsenergie kann sich auf einer längeren Strecke abbauen. Stuntmen nutzen diesen Trick, wenn sie zum Beispiel vor laufender Kamera aus dem vierten Stock springen. Sie landen auf meterhohen Kartonkisten und genau wie beim Airbag kommt es zu einem möglichst langen Abbau der Bewegungsenergie.

Vor einigen Jahren habe ich meine erste Bekanntschaft mit einem Airbag gemacht. Nicht auf der Straße, sondern im Fernsehstudio. Die Sendung mit dem Titel »Die Kunst des Feuerwerks« hatte nichts mit Verkehr zu tun, sondern befasste sich mit den verschiedensten Anwendungen der Pyrotechnik. In einem Teil demonstrierten wir den Treibsatz des Airbags: Um in einer solch rasanten Zeit den Sack mit Gas zu füllen, explodiert ein kleiner chemischer Treibsatz, der sich in der Lenksäule befindet. Die Reaktion setzt dabei so große Mengen an Kohlendioxid frei, dass der Sack sogar kontrolliert birst. Dieses ist erwünscht, denn der Sack muss die Energie schlucken und nicht wie ein Trampolin wieder abgeben.

Das Auto im Studio war präpariert, und ich erinnere mich noch genau an den heftigen Knall und den Brandgeruch hinter dem Steuerrad. Als ich damals die Ingenieure auf den Beifahrerairbag ansprach, bekam ich eine überraschende Antwort. Technisch war dieser wohl kein Problem und dennoch waren sie lange Zeit skeptisch: Ein Kind, das verbotenerweise auf dem Schoß des Beifahrers säße, könnte durch einen explodierenden Airbag nach hinten katapultiert werden. Besonders in den USA mit den zum Teil absurden Haftungsklagen befürchteten die Techniker teure Prozesse und so dauerte es lange, bis der Beifahrerairbag endlich eingeführt wurde.

Ein weiteres Sorgenkind der Ingenieure waren Funktelefone. Ihre Wellen könnten die komplizierte Auslöseelektronik des Airbags beeinträchtigen. Damit der Sack sich nur im Ernstfall aufbläst, misst daher eine Reihe von Minisensoren die auftretenden Kräfte am Wagen. Das Signal der Sensoren wird unentwegt per Chip abgefragt, und nur wenn mehrere Messfühler gleichzeitig den Grenzwert überschreiten, wird ausgelöst. Durch bessere Abschirmungen und zusätzliche Kodierungen des Signals wurde auch dieses Handyproblem gelöst.

Vor zwei Jahren demonstrierten wir im Rahmen einer Fernsehsendung, wie wirksam ein Airbag ist: Wir ließen eine Wassermelone aus etwa sieben Metern Höhe auf einen präparierten Airbag fallen. Die Melone passierte zunächst eine Lichtschranke, die dann den Luftsack rechtzeitig aufblies. Die Melone blieb heil! In einem zweiten Experiment wollten wir dann zeigen, was passiert, wenn der Airbag zu spät auslöst: Mit einem Knall zerbrach die Melone in tausend Stücke und spritzte nach allen Seiten. Das gesamte Fernsehstudio war noch Tage später von einer feinen klebrigen Fruchtschicht bedeckt.

Uns allen war damit eindrucksvoll bewusst geworden, wie wichtig auch das richtige Timing beim Auslösen ist, und ich kann Sie beruhigen: In unseren Autos stimmt es!

Wie kommt die Straße ins
Navigationsgerät?

74 Es klingt wie ein Klischee, doch ich beobachte es immer wieder im richtigen Leben:

Er sitzt am Steuer und fährt (warum eigentlich?!) und sie soll ihn lotsen. Irgendwo auf der Autobahn fragt er:

»Müssen wir an der nächsten Ausfahrt abbiegen?«

Sie greift zum Straßenatlas. »Ich weiß gar nicht, wo wir im Moment sind ...« Allein ihre Handhabung des Atlas scheint ihn zu irritieren.

»Du bist im falschen Kartenteil! Unsere Route findest du weiter hinten ...«

Sie blättert hin und her: »D-3 ...? Nein, das ist ja ... Fahren wir nach Süden?«

»Wir sind doch nicht da!!«, er tippt mit einer Hand auf die aufgeschlagene Seite.

»Bitte pass du auf die Straße auf«, erwidert sie, »und fahr vorsichtiger, sonst baust du noch einen Unfall!« Sie betrachtet ratlos das Kartenmaterial.

Er klingt verzweifelt: »Ja, aber was denn nun, müssen wir abbiegen oder nicht?« Die Ausfahrt nähert sich ... und der Ton wird lauter.

»A45 und dann müssen wir, hmmm ..., mein Gott, ist diese Karte blöd, warte ...«, sie blättert auf eine Fortsetzungsseite und sucht erneut nach Anhaltspunkten. »Wo ist denn nun die A45 ...«

»Weiß ich nicht, du hast doch die Karte. Abbiegen oder

214

nicht?«, fragt er und nimmt den Fuß vom Gas. Nur noch ein Kilometer bis zur Entscheidung!

Sie ist versunken in einem Selbstgespräch: »Hier ist Würzburg und Stuttgart ... fahren wir im Moment Richtung Karlsruhe?«

»Das weiß ich auch nicht, wir sind auf der A45. Abbiegen oder nicht?« Inzwischen ist das Auto so langsam, dass der Folgeverkehr aufblinkt.

Er fährt, sie sucht ... – Keine klare Antwort. Er bleibt auf der Autobahn und etwa eine Sekunde nach der letzten Abfahrtsmöglichkeit ruft sie: »Du musst doch abbiegen ...!«

Elektronische Navigationshilfen sind ein Segen: Noch nie hat ein einzelnes Gerät eine derartige Eindämmung menschlicher Konflikte herbeigeführt. Navigationsgeräte sind fürwahr »friedenstiftend«! Doch wie funktioniert diese geniale Erfindung überhaupt?

Mit dem GPS-Empfänger im Navigationsgerät wird zunächst die Position des Autos auf etwa zehn Meter Genauigkeit bestimmt. Doch jetzt braucht es jede Menge Informationen, damit wir uns auch orientieren können. Neben den üblichen Straßenverläufen beinhalten die elektronischen Karten auch eine Vielzahl von Merkmalen wie Wendeverbote, Straßensperren, Schranken, Einbahnstraßen, Zufahrtsbeschränkungen und Durchfahrtshöhen. Wenn der Anbieter die Karten nicht ständig aktualisiert, besteht die Gefahr, dass das Gerät irgendwann lakonisch feststellt: »Sie befinden sich auf nicht digitalisiertem Gebiet«.

Tag für Tag sind daher Geografen in Autos unterwegs und sammeln Daten. Ein Rechner an Bord des Wagens speichert Skizzen und Sprachnotizen von der Reise. Von einer Litfaßsäule bis zur Bar, von der Autobahnausfahrt bis zum Parkhaus. Eine pilzförmige Antenne auf dem Dach des Fahrzeugs empfängt neben den Funksignalen mehrerer GPS-Satelliten auch andere Ortungssender. Damit lässt sich der jeweilige Standort immerhin auf etwa 30 Zentimeter genau ermitteln. Gleichzeitig schießen hochauflösende Videokameras auf dem Dach Bilder der Umgebung. Über 200 Kartenattribute lassen sich so pro Straße erfassen. Wie Hightech-Spione befahren die reisenden Datensammler mit ihren Fahrzeugen immer wieder das gesamte Straßennetz – bis in den letzten Winkel. Der gesammelte Datenwust fließt in eine riesige Datenbank, die laufend erneuert und aktualisiert wird. Und daraus entstehen dann unter anderem die Straßenkarten im Navigationsgerät.

Übrigens gibt es weltweit gerade mal zwei große Firmen, die solches Kartenmaterial für »Navis« sammeln, weiterverarbeiten und verkaufen. Manchmal irren sie: Viele Navis kennen neue Viertel nicht, lotsen uns per Auto in Fußgängerzonen und navigieren über Straßen, die es noch gar nicht gibt. Dann freuen wir uns doch, wenn wir einen Beifahrer haben.

Kann die **Tragfläche** eines Passagierflugzeugs brechen?

75 Sie sitzen im Flugzeug, draußen ist schlechtes Wetter, es gibt jede Menge Turbulenzen. Beim Blick aus dem Fenster sehen Sie, dass die Tragflächen wild hin und her schwingen. Kann eine Tragfläche brechen?

Wenn das passieren würde, wäre es das jähe Ende Ihrer Reise. Denn mit gebrochener Tragfläche kann kein Flugzeug lange in der Luft bleiben.

Tragflächen müssen trotz ihrer Größe sehr leicht sein: Bei Langstreckenjets wie dem A380 beträgt die Spannweite knapp 80 Meter! Tragflächen wirken von außen eher schmal. Sie sind ein Meisterwerk der Konstruktionstechnik: Der Flügel besteht aus einer Reihe von Trägern und Querträgern aus Aluminium, die miteinander vernietet sind. Hierdurch wird der Flügel gleichermaßen fest und bleibt trotzdem elastisch. Wären die Flügel eines Flugzeugs völlig starr, so würde sich jede Turbulenz direkt auf die Kabine übertragen und wir Passagiere könnten uns kaum in den Sitzen halten. Der biegsame Flügel wirkt wie ein Stoßdämpfer und federt die Luftunruhen ab. Beim Start größerer Flugzeuge kann man übrigens schön beobachten, wie sich die Flügelspitzen bei wachsendem Tempo und steigendem Auftrieb nach oben richten: Der Höhenunterschied macht an der Flügelspitze eines Langstreckenjets mehrere Meter aus!

Dass der Flügel dennoch nicht brechen kann, demonstrierten meine Kollegen der Sendung »Kopfball« auf eindrucksvolle

Weise. Mit einem ausrangierten Flugzeugflügel eines Passagierjets machten sie einen spektakulären Belastungstest: Das Rumpfende des Flügels wurde zunächst mit Gewichten und zusätzlich noch mit einem tonnenschweren Bagger beschwert. Dann begann ein Kran, die Flügelspitze anzuheben. Der Flügel bog sich, doch trotz dieser extremen Belastung, die mit Sicherheit höher war als die Turbulenzen eines Sturms, blieb der Flügel heil und brach nicht.

Flugzeugflügel sind in der Tat extrem stabil. Sie sind so konstruiert, dass sie etwa das Zweieinhalbfache des Abfluggewichtes ertragen. Bei einem Airbus A320 mit über 70 Tonnen Abfluggewicht sind das über 170 Tonnen! Es gibt bislang nicht einen einzigen Fall, bei dem der Flügel eines modernen Passagierflugzeugs beim Flug gebrochen ist.

Wenn Sie also das nächste Mal bei Sturm in Urlaub fliegen und aus dem Fenster blicken, können Sie sich entspannt zurücklehnen: Der Flügel hält!

Wo ist die
Zeit geblieben?

76 »Verehrte Fluggäste, soeben sind wir in Frankfurt-Airport gelandet ...«. Hinter der Fensterscheibe ein neblig grauer Morgen, leichter Nieselregen – zurück in Deutschland. Nach dem Verlassen der Maschine ist mir kalt. Den Pullover hab ich im Koffer verstaut, denn beim Abflug in Los Angeles herrschte strahlender Sonnenschein, und wer denkt schon bei 30 °C an einen Pullover.

Kurze Zeit später blicke ich in die verschlafenen Gesichter meiner Mitreisenden. Wir alle teilen eine Gemeinsamkeit: Für uns ist es Mitternacht, und auch wenn der eine oder andere an Bord ein wenig schlafen konnte, die innere Uhr tickt noch nach kalifornischer Zeit. Wer seinen ersten Langstreckenflug hinter sich hat, wird schnell erleben, was mit Zeitverschiebung gemeint ist. Empfindliche Menschen klagen oft wochenlang über Schlafstörungen, verspüren zu den ungewöhnlichsten Zeiten Hunger oder nicken tagsüber plötzlich ein. Die Erklärung ist einfach: Unser Globus ist in Zeitzonen eingeteilt.

Noch im 19. Jahrhundert tickten die Uhren selbst innerhalb Deutschlands unterschiedlich. Wenn es in München 12:00 Uhr mittags war, zeigte die Turmuhr in Berlin 12:07 an. Früher hatte jeder Ort seine eigene Uhrzeit! Sie richtete sich nach dem Lauf der Sonne: Zum Zeitpunkt des höchsten Sonnenstands war es 12:00 Uhr mittags. Reiste man also von einer Stadt zur anderen, musste man erst einmal herausfinden, wie die örtliche Zeit war, und seine Uhr entsprechend umstellen. Auf alten Zugfahrplänen war noch zu lesen, dass zum Beispiel in Baden die Karlsruher Zeit, in Württemberg die Stuttgarter Zeit und in Österreich die Prager Zeit galt. Welch ein Chaos für Passagiere, die auf einer langen Reise mehrfach umsteigen mussten. Am 1. April 1893 verkündete Kaiser Wilhelm II. schließlich ein Gesetz zur Einheitszeit. Erst von da an tickten die Uhren in Deutschland gleich. Andere Nationen schlossen sich an und orientierten sich an der *Universal-Zeit* (UT).

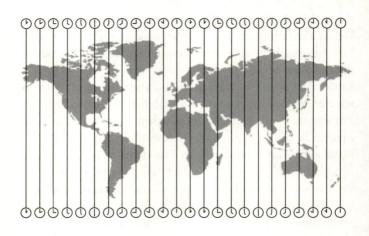

Das ist die Zeit am Nullmeridian, der durch die englische Stadt Greenwich läuft. Von dort aus wird nach Osten je 15° Länge jeweils eine Stunde dazugezählt, nach Westen wird je 15° Länge eine Stunde abgezogen.

Damit lassen sich die jeweilige Landeszeit und der Zeitunterschied leicht ablesen: Zwischen Frankfurt und New York beträgt die Differenz minus sechs Stunden. Man muss also von der Zeit in Deutschland sechs Stunden abziehen und hat dann die aktuelle Zeit in New York. Moskau hingegen hat einen Zeitunterschied von plus zwei Stunden, also: deutsche Zeit + zwei Stunden = Moskauer Zeit.

In großen Nationen wie Russland oder den USA wird das Land immer noch in unterschiedliche Zeitzonen geteilt. Die Zeitunterschiede sind also geblieben, doch unsere Welt ist größer geworden. Wenn Sie zum Beispiel diese Zeilen am frühen Abend in Deutschland lesen, geht in Kalifornien gerade die Sonne auf, in Tokio hingegen schlafen die Menschen, denn dort herrscht tiefe Nacht.

Mehr als zwei Stunden Zeitverschiebung am Tag machen unserer biologischen Uhr zu schaffen. Der erste Mensch, der die Folgen des *Jetlag* zu spüren bekam, war Anfang der dreißiger Jahre der amerikanische Pilot Wiley Post, als er in acht Tagen ostwärts um die Erde flog. Moderne Jets sind in der Lage, große Distanzen noch schneller zu überbrücken als Wileys Propellermaschine, und so macht der Jetlag heute vielen Reisenden zu schaffen. Obwohl die Wissenschaft seit Jahren den Mechanismus unserer »inneren Uhr« zu entschlüsseln versucht, weiß man bis heute erstaunlich wenig darüber. Bei Laborexperimenten mit freiwilligen Versuchspersonen, die mehrere Wochen in Räumen mit künstlichem Licht und ohne Uhr zubrachten, stellte sich der Tagesrhythmus dieser Menschen bald auf einen 25-Stunden-Tag ein. Unsere biologische Uhr läuft also langsamer und muss folglich jeden Tag aufs Neue korrigiert werden. Helles Sonnenlicht spielt hierbei offensichtlich eine Schlüsselrolle und so findet sich auch in Broschüren für den Vielflieger immer wieder der Tipp, trotz aller Müdigkeit nach einer langen Reise nicht sofort ins Bett gehen, sondern möglichst raus und Sonne tanken. »Lichttherapien« werden ebenfalls bei Menschen mit Schlafstörungen eingesetzt. Wer hingegen am helllichten Tag den Fehler begeht, sich schlafen zu legen, hat länger mit dem

Problem der Zeitumstellung zu kämpfen. Ein weiteres Rezept findet sich in den Merkblättern der Mitarbeiter des US-Außenministeriums: Koffein. Wer bereits beim Abflug seinen Kaffeekonsum nach der neuen Zeit ausrichtet, hat es leichter mit der Umstellung. Auch wenn das Rezept hilft, genau erklären kann man es nicht. Unsere innere Uhr ist an viele Faktoren gebunden und beeinflusst unseren Körper auf sonderbare Weise. So wird zum Beispiel auch unsere Schmerzschwelle zeitlich beeinflusst. Wer zum Zahnarzt muss, sollte diesen erst nachmittags aufsuchen, denn dann sind wir weniger schmerzempfindlich als in den frühen Morgenstunden und auch die Wirkung von Betäubungsmitteln hält dann länger an.

Welches Mittel am wirksamsten den Jetlag bekämpft, ist letztlich Sache der eigenen Erfahrung: Vielreisende Geschäftsleute haben mich mit allerlei Tipps eingedeckt: Sie reichen von sauren Gurken über kalte Füße bis hin zu zwei Flaschen Burgunderwein, die man am besten gleich nach dem Start genießen sollte. Von der Sache mit dem Wein kann ich allerdings nur abraten: Aus dem Fliegen wird ein Schweben!

Wie kommen die Perlen in den Champagner?

Guten Appetit: Interessantes aus Küche, Keller und Speisekammer

Wie kann Müsli Leben retten?

77 Die meisten Gesetze der Physik gelten überall. Bei Ihnen zu Hause oder sonstwo im Universum. Genies wie Isaac Newton brachten den fallenden Apfel mit dem Mond in Verbindung und erkannten die allgemeinen Gesetze der Schwerkraft.

Trivial ist das keinesfalls, denn man könnte sich ja auch vorstellen, dass unsere hiesigen Naturgesetze an irgendeiner Grenze im Sonnensystem enden und dahinter durch andere abgelöst werden. So ähnlich wie Tischmanieren, die sich von einer Kultur zur anderen unterscheiden. Doch offensichtlich laufen die Dinge bei gleichen Rahmenbedingungen exakt gleich ab – und zwar egal wo im Universum! Diese Erkenntnis ist für mich gleichermaßen erschreckend wie auch beruhigend und offenbart die ungeheure Bedeutung der Naturwissenschaft.

Manchmal schimmern diese unbeugsamen Regeln der Natur durch die verschiedensten Phänomene hindurch, und so verbinden sie scheinbar Verschiedenes auf magische Weise: den fallenden Apfel mit dem kreisenden Mond oder das morgendliche Müsli mit der donnernden Lawine!

Wenn Sie beim Frühstück eine Müslipackung genauer studieren, wird Ihnen ein kleines Detail auffallen: inmitten der ganzen Vielfalt aus Körnern, Flocken und Rosinen befinden sich die Haselnüsse in der Packung häufig oben. Das ist kein Zufall, denn dahinter verbirgt sich eine interessante Gesetzmäßigkeit: Müsli ist physikalisch betrachtet ein Gemisch aus unterschiedlich großen Teilchen. Schüttelt man die Packung, dann bewegt sich zunächst alles. Körner, Flocken und Nüsse werden durcheinandergewirbelt. Bei jedem Ruck entstehen dabei zwischen den einzelnen Teilchen Lücken, in die kleinere Bruchstücke hineinfallen können. Die größeren Stücke passen jedoch nicht dazwischen. Mit jedem Ruck rutschen also kleinere Stücke weiter nach unten. Ganz automatisch bewegen sich die größeren Teilchen dadurch nach oben, da sie von den kleineren, nach unten wandernden Teilchen verdrängt werden. Durch das Schütteln vollzieht sich ein Sortiervorgang: Große Stücke wandern nach oben, kleine nach unten. Nach einer Weile liegen die großen Haselnüsse immer oben. Bei Cornflakes regiert dasselbe Gesetz, Physiker sprechen auch von der *inversen Segregation*, denn auch hier liegen die großen Cornflakes oben und die zerbröselten Reste ruhen ganz unten in der Packung.

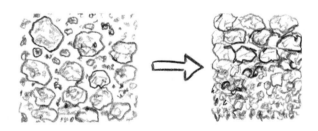

Lawinen sind auch ein Gemisch – aus Schneeteilchen. Und manchmal gerät ein Mensch da hinein. In der wissenschaftlichen Abstraktion liegt dann auch hier ein Stoffgemisch mit unterschiedlich großen Teilchen vor, die Schneeflocken und der Mensch, das ordentlich durchgeschüttelt wird. Und wie beim geschüttelten Müsli wird auch hier sortiert!

Lawinenopfer liegen trotz metertiefer Schneewalzen oft oben. Leider aber immer noch unter einer Schneedecke. Meistens sind die Opfer so dicht von Schnee bedeckt, dass es absolut unmöglich ist, sich selbst zu befreien.
Vor einigen Jahren haben Techniker die Müsli-Lektion auf ein neues Rettungssystem übertragen: den Lawinenairbag. Der Skifahrer trägt ihn auf dem Rücken und löst ihn bei Gefahr aus. Der Airbag bläst sich auf und vergrößert künstlich das Gesamtvolumen seines Trägers. Im anschließenden »Schüttelprozess« verhält man sich wie ein besonders großes Teilchen und landet mit Lawinenairbag näher an der Oberfläche. Mit etwas Glück kann man sich sogar selbst befreien. Das Eidgenössische Institut für Schnee- und Lawinenforschung hat über einen Zeitraum von 12 Jahren verschiedene Lawinenunfälle ausgewertet. Die Überlebenswahrscheinlichkeit liegt bei den untersuchten Fällen mit ausgelöstem Airbag bei immerhin 98 %. Ohne Airbag sinkt die Überlebenschance auf 71 %.
Der Lawinenairbag rettet also Menschenleben – und die Nüsse im Müsli waren die Inspiration!

Woher stammt
das Croissant?

78 Es ist ein Symbol des *savoir vivre français*: das Croissant. Doch stammt das Croissant wirklich aus Frankreich? Die eindeutige Antwort lautet: *non!*

Erfunden wurde es wohl in Österreich. Hierzu kursieren diverse Geschichten. Unter den historisch belegten findet sich folgende:

Es ist das Jahr 1683. Die Türken belagern Wien, doch die Stadt wehrt sich. Durch ein Tunnelsystem unter der Stadtmauer versuchen die Belagerer, Wien einzunehmen. Eines Nachts hört ein Bäcker während seiner Arbeit die Geräusche der grabenden Türken. Er schlägt Alarm, die Belagerer müssen sich zurückziehen. Zur Erinnerung an die Rettung Wiens entsteht ein mondsichelförmiges Gebäck: das »Türkenkipferl«. Die Form erinnert an den türkischen Halbmond.

Neben dieser Legende gibt es noch weitere Entstehungsgeschichten, doch keine findet sich in Frankreich. Dorthin kommt das Gebäck erst ein knappes Jahrhundert später, als der französische König Ludwig XVI. die Tochter der österreichischen Kaiserin, Marie Antoinette, heiratet und sie ihre neue Heimat mit dem Kipferl aus Österreich beglückt. Als Croissant erobert es ganz Frankreich.

Das Wort leitet sich übrigens vom französischen *lune croissante* ab: Das bedeutet »zunehmender Mond«. Der türkische Halbmond – Vorbild des Kipferls – ist hingegen abnehmend!

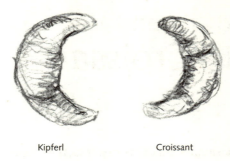

Kipferl   Croissant

Man kann es drehen und wenden, wie man will: Mal ist es ein Croissant, mal ein Kipferl!

Warum »donnert« es im Cappuccino?

79 Es gibt überall etwas zu entdecken! Besonders aufregend finde ich übersehene Alltagsphänomene. Sie erinnern mich an spannende Kriminalgeschichten, bei denen wir erst ganz am Ende der Story erfahren, dass der Mörder unter uns weilte. Erst die Genialität des Kommissars entlarvt den Täter, oft anhand eines winzigen Indizes. Erfolgreiche Kriminalinspektoren und gute Wissenschaftler teilen übrigens diese Eigenschaft: Für sie ist absolut *nichts* offensichtlich, jedes Detail zählt!

Manchmal sind kindliche Unvoreingenommenheit und offene Neugier der Schlüssel zu einer überraschenden Erkenntnis ... Wussten Sie, dass man die Temperatur von Milch hören kann? Hören Sie bei Ihrem nächsten Cafébesuch doch einmal ganz genau hin, wenn Sie einen Cappuccino oder Ähnliches bestellen und anschließend Ihre Milch aufgeschäumt wird. Sie kennen sicher dieses unüberhörbare Heulen, denn es ist sehr laut! Eigentlich extrem laut für diesen schmalen Dampfstrahl aus der Maschine – oder? Und noch etwas ist auffällig: Am Anfang, solange die Milch noch kalt ist, ist das Geräusch besonders laut; doch es wird leiser, wenn die Milch wärmer wird. Dieses Heulen kann kein einfaches »Sprudelgeräusch« sein, denn das würde sich nicht verändern, während die Milch sich erhitzt. Dieses Cappuccino-Milchschäum-Geräusch ist etwas Besonderes!

Das Aufschäumen geschieht mithilfe von Wasserdampf. Dabei zeigt sich eine Eigenschaft: Wasserdampf (also die gasförmige Phase von Wasser) benötigt rund 1.600-mal mehr Raum als die entsprechende Menge an Wasser (aus einem Liter flüssigem Wasser entstehen 1.673 Liter Wasserdampf!).

Verantwortlich für den Lärm beim Aufschäumen sind die Wasserdampfbläschen, die beim Austritt aus der Dampfdüse 100 °C heiß sind. Beim Kontakt mit der Milch erkalten sie, und aus gasförmigem Dampf wird in unzähligen Miniimplosionen schlagartig wieder Wasser. Je wärmer die Milch wird, umso langsamer verläuft der Abkühlungsprozess des Wasserdampfs. Kocht die Milch, hören die winzigen Implosionen auf und es blubbert nur noch. Das Cappuccino-Geräusch ist also eine Art »Anti-Donner«.

Das genau umgekehrte Phänomen gibt es nämlich bei einem richtigen Gewitter: Wenn es blitzt, erhitzt sich die umgebende Luft plötzlich auf mehrere Tausend Grad. Diese extrem heiße Luft dehnt sich dann schlagartig aus und dabei wird es richtig laut: Es donnert. Donner ist also Luft, die sich plötzlich ausdehnt; der Cappuccino-Sound hingegen ist Wasserdampf, der schlagartig zusammenfällt. In beiden Fällen wird es laut.

Und noch etwas hört man genau: Je wärmer die Milch wird, desto leiser wird es.

Was ist das Geheimnis
von Speiseeis?

80 Als Kind habe ich einmal selbst versucht, Eis zu machen, und bin kläglich gescheitert. Ich habe Fruchtsaft im Gefrierschrank gefroren, doch das Ergebnis war nicht sehr lecker: ein harter Eisblock. Mit Speiseeis oder Sorbet hatte das wenig zu tun.

Hätte ich damals gewusst, dass sich beim Gefrieren von Wasser Eiskristalle bilden, die mit der Zeit wachsen und immer länger werden und dann zu einem harten spitzen Eisblock gefrieren, der alles andere als schmackhaft ist, hätte ich mein Taschengeld in eine Eismaschine investiert.

Der Trick beim Speiseeis ist nämlich das Rühren. Bei einem guten Sorbet wird die Masse, zum Beispiel gezuckerter Fruchtsaft, während des Gefrierens in der Eismaschine ständig umgerührt. Dadurch verhindert man, dass sich lange Eiskristalle bilden können, denn die winzigen Strukturen werden immer wieder zerschlagen. Das Eis wird in der Folge geschmeidig. Das Sorbet ist übrigens sehr alt: In der Antike hat man es aus Gletscherschnee mit Früchten, Honig oder Rosenwasser zubereitet. Das Wort selbst stammt aus dem Arabischen *sharbat*, das so viel bedeutet wie kaltes – nichtalkoholisches – Getränk.

Im Gegensatz zum Sorbet ist im Milchspeiseeis auch noch Milch oder Sahne und somit Fett enthalten. Beim Pürieren und Rühren mischt sich dann jede Menge Luft ein. Es entsteht ein gefrorener Schaum aus Luft, Fett und Eisteilchen.

Dieser Schaum wird durch ein mikroskopisches Netz aus Fettmolekülen stabilisiert. Beim Abschmelzen kann man das schön beobachten: Wenn gutes Speiseeis schmilzt, behält es sehr lange seine Struktur, das Fettnetz wirkt wie ein Gerippe und fällt daher nicht sofort in sich zusammen. *Partielle Koaleszenz* sagt der Fachmann. In der Praxis bedeutet das: Da Eis üblicherweise nicht nach Gewicht, sondern nach Volumen verkauft wird, also in Litern, ist man nach dem Abschmelzen überrascht, wie wenig tatsächlich in der Packung ist. Eis ist viel verpackte kalte Luft!

Beim Gefrieren des Eises findet überdies ein natürlicher Konzentrationseffekt statt: Der gezuckerte Fruchtsaft enthält Wasser. Bei fallenden Temperaturen gefriert zunächst das Wasser, während der gezuckerte Sirup flüssig bleibt. Dieses Phänomen begegnet uns auch im Polarmeer. Wenn es Winter wird, bildet sich im Salzwasser des Nordmeers Eis, und auch hier gefriert zunächst nur das Wasser: Die Eisschollen bestehen daher aus reinem Süßwasser und treiben im noch flüssigen Salzwasser. Im Winter steigt also die Salzkonzentration des Meerwassers leicht an. Im Speiseeis steigt hingegen die Zuckerkonzentration in der verbleibenden Flüssigkeit an. Je höher der Zuckergehalt, desto tiefer sinkt aber der Gefrierpunkt. Selbst bei −16 °C sind in unserem Speiseeis nur 72 % des Wassers gefroren, der Rest schwimmt als süße Soße dazwischen! Nur dank dieses Konzentrationseffektes kommen wir in den Genuss des typischen Eisgeschmacks, denn obwohl es kalt ist, vermittelt der flüssige Sirup uns die entscheidende Süße.

Übrigens: Es gibt noch einen etwas exotischeren Weg, ein sämiges Sorbet zu erzeugen: flüssiger Stickstoff! Bei einer Temperatur von −195 °C gefriert der gezuckerte Fruchtsaft schlagartig. Der Gefrierprozess verläuft so rasch, dass sich keine längeren Kristalle bilden können. Der Stickstoff entweicht dabei als Gas. Übrig bleibt eine Köstlichkeit, die jedoch nicht zu kalt genossen werden darf. Sonst verbrennt man sich am Eis die Zunge!

Ich muss mich verbessern: Ich hätte zum Leidwesen meiner Mutter wahrscheinlich in Stickstoff investiert, das wäre viel spannender gewesen.

Wo reifen die
Bananen?

81 Während meiner Kindheit in Indien kannte ich nur kleine Bananen, und zwar in einer überwältigenden Vielfalt. Viele wuchsen wild oder in Gärten. Es gab Kochbananen, Süßbananen oder solche, die überhaupt nicht schmeckten – und plötzlich, hier in Europa, war es aus mit der duftenden Vielfalt, es gab nur noch *die* Banane: ein Kulturschock!

Natürlich wachsen die Bananen, die wir hier essen, nicht in Europa, sondern meist auf gigantischen Plantagen in mittelamerikanischen Staaten wie Panama, Nicaragua oder Honduras, die durch große US-amerikanische Konzerne zu »Bananenrepubliken« verkamen: Die United Fruit Company, die Standard Fruit Company und die Cuyamel Fruit Company hatten sich Ende des 19. Jahrhunderts mithilfe großzügiger Konzessionen riesige Flächen im karibischen Tiefland angeeignet, um dort Bananen anbauen zu lassen. Die Konzerne bauten Straßen, Eisenbahnen und Siedlungen für die Arbeiter auf den Bananenplantagen und binnen kürzester Zeit wurden sie die größten Arbeitgeber des Landes. Obwohl ihre Gewinne viele Jahre lang den Staatshaushalt überstiegen, zahlten sie kaum Steuern, stattdessen korrumpierten sie Politiker und versorgten willfährige Diktatoren mit Geld und Waffen.

Noch heute sind Bananen in Mittelamerika die wichtigsten Exportgüter. Etwa zwei Jahre wachsen die Früchte, bevor sie noch grün geerntet werden. Die hochgezüchteten Exportbananen werden oft innerhalb eines Tages verpackt und dann auf Kühlschiffe verladen. Bei exakt 13,2 °C wird der natürliche Reifungsprozess unterbrochen und dann geht es ab auf die lange Reise zu uns.

Nach der Entladung aus den Kühlschiffen werden die Früchte in Bananenreifereien transportiert, wo sie in speziellen Kammern bei Temperaturen von 14 – 17 °C etwa vier bis acht Tage reifen. Neben der Wärme, welche die Bananen aus ihrem Dornröschenschlaf weckt, nutzt man noch einen Trick: Bei der Reifung geben Früchte das Gas *Ethen* (manchmal sagt man auch *Ethylen*) ab. Dieses Gas ist ein Pflanzenhormon, das dafür sorgt, dass der Reifungsprozess bei den übrigen Früchten aktiviert wird. Hierbei wird innerhalb des Fruchtfleisches Stärke in Zucker umgewandelt und dabei verfärbt sich die Banane von dunkelgrün nach leuchtend gelb. In den Reifekammern wird das Gas kontrolliert zugegeben, damit am Ende möglichst alle Bananen gleich reif sind. Die Pflanzen setzen dieses Reifegas auch selbst frei. Sie kennen das: Die eine reife Banane in der Obstschale steckt alle anderen an. Daher der Tipp: Überreife Bananen entfernen und die Bananen möglichst kühl, aber auch nicht zu kalt lagern. Dann halten sie lange.

Übrigens regelt die Europäische Bananenverordnung[9] eindeutig, dass eingeführte Bananen mindestens 14 cm lang und 27 mm dick sein müssen! Ich hab's ja gesagt: ein echter Kulturschock!

Wie konservieren
Zucker und Salz?

82 Ich gehöre leider nicht zu den Vorbildmännern, die genüsslich in Sandalen durch Märkte schlendern und allerlei Gemüse und exotisches Obst einkaufen oder einen besonderen Fisch mit nach Hause bringen, um daraus eine exquisite Küchenkreation zu zaubern. Ja, ich bekenne mich schuldig, dass ich noch nicht so weit bin, aber wer weiß! Doch jedes Jahr im Spätsommer überkommt mich eine innere Unruhe. Sie ist vergleichbar mit der Anspannung, die Zugvögel empfinden dürften, wenn ihr instinktives und unerträgliches Fernweh ausbricht. Auch mich zieht es hinaus, allerdings nicht in südliche Winterquartiere, sondern in dornige Sträucher: Es ist Brombeerzeit!

Selbst gemachte Brombeermarmelade ist so ziemlich das Einzige, womit ich kulinarisch auftrumpfen kann, doch wahrscheinlich werden mir die Männer in den Sandalen zulächeln und mir ein altes bretonisches Rezept empfehlen. Egal!

Ich pflücke die Beeren selbst und koche sie ein, denn selbst gemachte Marmelade schmeckt fantastisch. Meine ganz bestimmt! Ohne Ingwerstückchen oder Pfefferkörner – reine Brombeermarmelade. Basta!

Doch wir Menschen sind nicht die Einzigen, die scharf sind auf süße Früchte: Unzählige Bakterien und Pilze machen sich daran zu schaffen und vermehren sich fleißig. Irgendwann gewinnen sie die Oberhand und die Frucht wird für uns ungenießbar. Doch gegen diese Invasion der Mikroben gibt es ein altes Hausrezept: Zucker, viel Zucker. Er scheint den natürlichen Verfall zu stoppen, denn Brombeermarmelade hält sich selbst ungekühlt weit länger als frische Brombeeren. Auch Salz verlängert die Haltbarkeit von Lebensmitteln, egal ob Fisch oder Schinken. Auf vielen Zucker- oder Salzpackungen sucht man vergebens nach einem Verfallsdatum, denn verschlossen sind sie fast unbegrenzt haltbar.

Der Trick beim Konservieren mit Zucker oder Salz liegt im Prinzip des Gleichgewichts der Konzentrationen. Das lässt sich gut beobachten, wenn man Kirschen ins Wasser legt: In ihnen befindet sich viel Zucker, der Wasser von außen anzieht. Das Wasser durchdringt die äußere Haut der Kirsche und steigert im Innern den Druck, bis die Kirsche so viel Wasser aufgenommen hat, dass sie birst.

Umgekehrt schrumpfen die Kirschen, wenn man sie über Nacht in eine konzentrierte Zuckerlösung legt, denn der umgebende Zucker entzieht dem Obst die Flüssigkeit. Dieses Phänomen nennt man Osmose. Und genau das passiert, wenn sich Bakterien an die Marmelade heranmachen. Der umgebende Zucker entzieht den Mikroorganismen das Wasser und sie gehen zugrunde. Durch den hohen Zuckeranteil haben die kleinen Invasoren also keine Überlebenschance, und die Marmelade bleibt haltbar. Dass wir Menschen dennoch überleben, hängt damit zusammen, dass wir im Vergleich zu unserer Größe wenig Marmelade essen. Ein längeres Bad in süßer Brombeermarmelade wäre für uns – wie für die Bakterien – bestimmt tödlich. Also nicht zu viel aufs Brot schmieren!

Warum brennt
Schokolade?

83 » ... du brauchst mir jetzt nicht ausrechnen, wie lange ich joggen muss, um das zu verbrennen«, wehrt meine Frau den Versuch ab, ihr den Energiegehalt der gerade verputzten Tafel Schokolade zu erläutern.

Möchten Sie es wissen?

Das Wort *Kalorie* stammt aus dem Lateinischen und bedeutet so viel wie »Wärme«. Und eine Kalorie entspricht der Energiemenge, die ein Gramm Wasser um einen Grad erwärmt. In den Nährwerttabellen wird zwar inzwischen die Einheit Joule angegeben (1 J = 0,2388 cal), doch Schokolade als »Joule-Bombe« zu bezeichnen klingt in den Ohren vieler Menschen ungewohnt.

Mit einer Tafel Schokolade kann man einen ganzen Eimer Wasser zum Kochen bringen. Ich konnte das anfangs nicht glauben und habe es nachgerechnet. In der Tat: In 100 g Vollmilchschokolade (ca. 560 kcal) sind also 560.000 Kalorien enthalten. Diese Energie reicht aus, um sieben Liter Wasser zum Kochen zu bringen.

Um den Kaloriengehalt von Schokolade zu illustrieren, machte ich einen verblüffenden Versuch: Schokolade brennt. Kein Wunder, wenn man sich bewusst macht, dass viel Fett und Zucker darin enthalten sind. Mit gerade mal »einem« Stück Schokolade, keiner Tafel, auch keiner Reihe, könnte ich in einer Mini-Kupferpfanne ein Spiegelei braten!

Natürlich brennt in unserem Körper keine Flamme. In unserem Organismus läuft stattdessen eine Vielzahl biochemischer Reaktionen ab, welche die in der Nahrung enthaltene Energie umwandeln und für unseren Körper nutzbar machen. Aber letztlich entstehen, wie bei der Verbrennung, auch Kohlendioxid und Wasser. Eine einzige Tafel Schokolade deckt den Ruheenergiebedarf Ihres Körpers für acht volle Stunden.

Sie können es leicht prüfen: Im Ruhezustand benötigt Ihr Körper rund 70 kcal pro Stunde. Eine Tafel enthält etwa 560 kcal, das ergibt: 560/70 = 8 Stunden. Schokolade ist konzentrierte Nahrung – kein Wunder, dass Soldaten sie als eiserne Reserve mit sich führen.

Selbst nach einer Stunde Joggen hat man gerade mal die Energie verbraucht, die in zwei Reihen einer Schokotafel steckt. Eine ganze Tafel enthält so viele Kalorien wie acht Äpfel.

Unsere Vorfahren mussten oft hungern. Fett und Zucker sind wertvolle Energiereserven für karge Zeiten und so hat die Evolution unseren Körper mit einem natürlichen Heißhunger darauf ausgestattet. Das Anlegen von Reserven war damals eine Frage des Überlebens. Die Zeiten haben sich geändert, doch unsere Liebe zu Süßem ist ungebrochen.

Was ist der Unterschied zwischen H-Milch und pasteurisierter Milch?

84 Beim Einkaufen hat man die Wahl: H-Milch oder pasteurisierte Milch. Doch was genau ist der Unterschied?

Milch ist ein besonderes Produkt: Wenn sie frisch aus dem Euter kommt, ist sie praktisch keimfrei, denn Milch ist Babynahrung für das Kalb. Doch schon beim Melken gesellen sich jede Menge Keime wie zum Beispiel Milchsäurebakterien dazu. Diese Keime vermehren sich fleißig und verändern so die Milch. Ab einer kritischen Anzahl von Mikroorganismen kippt die Milch und wird sauer. Früher wurde Milch ohne Behandlung schon nach wenigen Tagen schlecht. Der französische Chemiker Louis Pasteur erkannte Mitte des 19. Jahrhunderts als Erster, dass Bakterien der Grund für das Kippen der Milch sind. Er fand dabei heraus, dass kurzes Erhitzen die meisten Keime abtötet. Durch eine Wärmebehandlung wurde die Milch somit auch ohne Kühlschrank länger haltbar. So ist das heute gängige Konservierungsverfahren auch nach ihm benannt: Pasteurisierte Milch wird für 15–30 Sekunden auf 72–75 °C erhitzt. Hierdurch werden 100 % aller krankmachenden Keime abgetötet. Lagert man pasteurisierte Milch bei 8 °C, ist sie etwa 8–10 Tage haltbar.

Noch effektiver ist das Ultrahocherhitzen: Bei einem sehr hohen Druck von 3 Bar wird die Milch für gerade mal 1–2 Sekunden auf 135 °C erhitzt und danach wieder schlagartig abgekühlt. Auch die Verpackung wird auf diese Weise sterilisiert. Das Ergebnis: Die ungeöffnete H-Milch ist über mehre-re Monate haltbar.

H-Milch schmeckt jedoch etwas anders, denn bei den hohen Temperaturen verändert sich ein Teil der Eiweißstoffe und der Milchzucker karamellisiert. Dennoch ist H-Milch besser als ihr Ruf. So werden durch moderne Verfahren selbst nach der Hochtemperatur-Behandlung viele Vitamine erhalten. In beiden Fällen wird die Milch zudem *homogenisiert*. Norma-lerweise setzt sich bei gemolkener Milch der Rahm oben ab. Milch enthält nämlich 3–4 % Fett, welches in Form kleiner Kügelchen in ihr schwimmt. Diese Kügelchen werden beim Homogenisieren gleichmäßig fein zerkleinert, indem die Milch mit Überdruck durch eine Düse gepresst wird. Besser oder schlechter wird die Milch dadurch nicht, doch homo-gener und gerechter: Denn niemand kann dann den Rahm abschöpfen!

Wie errechnet sich das Mindest-haltbarkeitsdatum?

85 Viele Lebensmittel sind mit einem genauen Mindesthaltbarkeitsdatum versehen, und es ist erstaunlich, dass zum Beispiel Milch oder Joghurt tatsächlich ziemlich bald nach Ablauf des aufgedruckten Datums schlecht werden. Wie kann man den Zeitpunkt so genau bestimmen? Wie lange Lebensmittel haltbar sind, hängt von einem Wettlauf zwischen uns und unzähligen Mikroorganismen und Keimen ab. Um beim Beispiel der Milch zu bleiben: Das Rennen startet ab dem Moment, in dem die Milch den Euter der Kuh verlässt. Die Mikroben gelangen über die Luft oder durch die Melkmaschinen in die Milch und beginnen sich sofort zu vermehren. Doch nach dem Pasteurisieren geht ihre Anzahl dramatisch zurück.[10] Ein paar Keime bleiben jedoch übrig und vermehren sich weiter. Bakterien sind wahre Meister der Fortpflanzung: Bei 30 °C schaffen sie es, in nur 30 Minuten ihre Anzahl zu verdoppeln! Das klingt nach wenig, doch schon nach einer Stunde sind es dann viermal so viele, nach zwei Stunden sechzehnmal so viele und nach zehn Stunden bereits über eine Millionmal so viele Keime!

Im Warmen würde die Milch also im Nu schlecht. Deswegen kühlen wir sie, denn die Vermehrungsfreudigkeit der Bakterien wird durch Kälte gebremst. Milch, so steht es auch auf der Packung, sollte man bei 8 °C im Kühlschrank lagern. Doch auch in der Kälte geht das Spiel der Vermehrung weiter. Zwar verdoppeln sich die Keime jetzt nur einmal pro Tag, doch nach nur vier Tagen hat sich die Keimzahl der ungeöffneten Milch versechzehnfacht und nach sieben Tagen sogar verhundertfacht. Am letzten Tag der Haltbarkeitsgrenze verdoppeln sich die Keime erneut, dabei wird ihre Gesamtzahl so groß, dass die Milch kippt.

Als Nicht-Mathematiker braucht es etwas Zeit, bis man die ungeheure Kraft dieses Verdopplungsprinzips begreift. Es ist eine Kettenreaktion und die allerletzte Verdopplung gibt dann den Anstoß. Das Prinzip begegnet uns überall, von Zahnentzündungen bis zur Atombombe: Die letzte Verdopplung führt bei den Zähnen zu einem schlagartigen Platzbedarf der Keime im Zahn und dieser Druck tut weh. Bei der Atombombe setzt jede einzelne Kernspaltung ein wenig Energie frei, doch durch die ablaufende Kettenreaktion werden 50 % aller Atomkerne auf einen Schlag gespalten und somit wird 50 % der gesamten Energie der Bombe während eines einzigen »Verdopplungsschritts« freigesetzt.

Dieses exponentielle Wachstum lässt sich genau berechnen: Kennt man die Zahl der Keime zu einem Zeitpunkt und ihre gegebene Verdopplungszeit, kann man exakt bestimmen, wann die Milch kippt. Das Datum der Mindesthaltbarkeit ist also berechenbar. Die Milchproduzenten sind vorsichtig, denn wenn die Milch länger im Warmen steht, verkürzt sich die Verdopplungszeit der Keime und dann kippt sie womöglich früher. Daher wird bei der Angabe des Mindesthaltbarkeitsdatums eine Sicherheit eingebaut. Die Milch hält sich meistens ein wenig länger als angegeben. Beim Öffnen der Packung können jedoch zusätzliche Keime von außen eindringen. Auch sie verkürzen die Haltbarkeit. So sollte man auch nicht alte mit neuer Milch mischen.

Wann immer die Milch abgelaufen ist, eins ist jedenfalls sicher: Im Supermarkt steht die frische Milch stets ganz hinten im Regal.

Wie kommen die Perlen in den Champagner?

86 »Wie lieb und luftig perlt die Blase
Der Witwe Klicko in dem Glase!«

Wilhelm Busch

Die einfache Antwort lautet: Kohlensäure. Die komplizierte Antwort ist aber viel interessanter: Der edle Champagner ist eigentlich Wein, der in Flaschen eine zweite Gärung erlebt. Hierbei wird er mit Hefe und Zucker versetzt, dann kommt der Stopfen drauf. Der Zucker wird dann von der Hefe in Alkohol und Kohlensäure umgesetzt. Daher hat der Champagner auch mehr Alkohol als Wein. Der Druck in der Flasche steigt dabei auf 6 Bar (fast dreimal so viel wie in einem Autoreifen!) an. Daher war es keine Seltenheit, wenn in den alten Kellereien Flaschen explodierten. Kellermeister schützten sich davor mit Eisenmasken. Heute sind die Flaschen zum Glück stabiler.

Nach einer Reifezeit von mindestens 15 Monaten – bei den guten Häusern dauert es oft noch länger – wird der edle Tropfen dann verkauft. Doch vorher gibt es noch ein Problem: Die Hefereste, die sich abgesetzt haben, müssen aus der Flasche entfernt werden. Die tüchtige Witwe Clicquot, die Wilhelm Busch zitierte, sie hieß Barbe-Nicole Clicquot-Ponsardin, erfand bereits im 18. Jahrhundert ein ausgetüfteltes Rüttelverfahren. Etwa 21 Tage lang wurde regelmäßig gerüttelt und dabei wurde die Flasche Schritt für Schritt geneigt, bis sie auf dem Kopf stand und sich der Satz im Flaschenhals gesammelt hatte. In den Kellereien gab es sogar den Beruf des »Rüttlers«. Der rüttelte – durch leichtes Drehen – bis zu 50.000 Flaschen am Tag!

Heute wird nicht mehr handgerüttelt, sondern automatisch geshaked. Danach wird *degorgiert*, das heißt, die Flasche wird vorsichtig geöffnet und der abgesetzte Hefepfropf entfernt. Das geht natürlich nicht ohne Flüssigkeitsverlust und war zur Zeit der Witwe Clicquot ein elendes Gespritze. Heute wird das Problem allerdings über ein Gefrierverfahren gelöst.

Beim Nachfüllen, der sogenannten *Dosage*, geben die Champagnerhäuser dann besondere Mixturen hinein, und je nach Zuckergehalt schmeckt der Champagner von Ultra Brut (sehr trocken) bis hin zu Demi-Sec (halbtrocken) oder Doux (lieblich).

Mineralwasser oder Trink- wasser aus der Leitung – worin liegt der Unterschied?

87 Es lebe die Vielfalt! Am Beispiel Wasser kann man das schön sehen: Blaue Flasche, grüne Flasche, weiße Flasche, mit Sprudel und ohne oder ganz einfach aus dem Wasserhahn. Deutschland steht mit etwa 500 Sorten auf Platz vier in Europa, was die Vielfalt der Mineralwässer betrifft. Doch was genau ist der Unterschied zwischen Mineralwasser und Trinkwasser, und kann man den wirklich herausschme- cken?

Trinkwasser aus der Leitung ist immerhin das in Deutsch- land am strengsten kontrollierte Lebensmittel überhaupt. Die sogenannte Trinkwasserverordnung setzt scharfe Grenzwerte für biologische und chemische Verunreinigungen. Eigentlich könnten wir also völlig zufrieden sein, denn das Wasser aus dem Hahn ist top und auch noch günstig.

Mineralwasser hingegen kommt aus unterirdischen, vor Ver- unreinigungen geschützten Wasservorkommen. Es enthält Mineralstoffe wie Calcium, Natrium oder Magnesium, die das Wasser beim Fließen durch die Erd- und Gesteinsschich- ten aufgenommen hat – meist über 1 Gramm pro Liter. Die Abfüllung muss am Quellort erfolgen und oft sind die Wäs- ser nach diesen Orten benannt. Die Zusammensetzung des Wassers darf dabei mit wenigen Ausnahmen nicht geändert werden, allerdings darf Kohlensäure entzogen oder zugege- ben werden. Mineralwasser ist das einzige Lebensmittel in Deutschland, das amtlich anerkannt werden muss.

Ein weitverbreitetes Argument für den Konsum von Mineralwasser ist sein hoher Mineralgehalt. Doch zumindest hierzulande decken wir den Bedarf an Mineralstoffen vorwiegend über die Nahrung. Die Aufnahme von Calcium erfolgt über Milchprodukte und Gemüse, Magnesium erhält der Körper über Vollkornprodukte, Bananen und Gemüse.

Der Mineraliengehalt im Mineralwasser spielt also eine untergeordnete Rolle. Vielleicht liegt es ja am Geschmack. Doch auch da wird man enttäuscht. Wir haben mit Profiverkostern den Test gemacht: Die Unterschiede sind kaum herauszuschmecken, und es gibt keine sachlichen Argumente für die enormen Preisunterschiede zwischen den Mineralwässern. Verrückt, oder? Wasser aus der Flasche ist 300 – 1.000-mal so teuer wie Wasser aus dem Hahn! Es ist ein gutes Beispiel dafür, wie wir uns durch Werbung und Marketing beeinflussen lassen. Der Mineralwassermarkt wird international von vier bis fünf weltweit tätigen Großanbietern bestimmt. Das Wasser ist zum Statussymbol geworden und dafür geben wir viel Geld aus.

Es hat eben mit Psychologie zu tun: Meine Tante bekam jahrelang Leitungswasser, abgefüllt in einer edlen Mineralwasserflasche. Sie hat nie etwas davon gemerkt und war stets davon überzeugt: »Das schmeckt einfach besser als aus dem Hahn!« ... Prost!

Warum flockt die Milch im Kaffee aus?

88 Kennen Sie das? Sie machen Pause, gönnen sich eine wohlverdiente Tasse Kaffee, geben einen Schuss Milch hinein und prompt flockt sie aus. Warum?

Beim Blick auf die Milchpackung stellen Sie fest: Das Mindesthaltbarkeitsdatum ist noch nicht überschritten. Wenn Sie die restliche Milch in ein Glas schütten, ist sie in Ordnung und nicht sauer.

Ausflocken bedeutet chemisch gesehen, dass die gelösten Eiweiße der Milch ihre Löslichkeit verlieren. Sie klumpen zusammen. Dieser Prozess tritt bei älterer Milch auf. Hitze kann das Phänomen zwar beschleunigen, doch beim Kaffee gibt es noch eine andere Ursache: Säure! Ein einfacher Versuch kann es verdeutlichen: Man nehme normalen Kaffee mit Milch, gebe ein paar Zitronentropfen hinzu und schon kippt auch die frische Milch. Die Säure im Kaffee ist also der wahre Übeltäter.

Wie viel Säure im Kaffee vorkommt, hängt von mehreren Faktoren ab. Zunächst spielt die Kaffeesorte eine Rolle: Der Robusta-Kaffee enthält weniger Säure als die häufig getrunkene Arabica-Bohne. Hinzu kommt auch die Art der Röstung: Im schwach gerösteten Kaffee ist wenig Säure enthalten. In Deutschland wird jedoch der stärker geröstete Kaffee bevorzugt und der ist besonders sauer. Bei noch längerer Röstung, so mögen es die Italiener, werden die Säuren hingegen wieder abgebaut.

Der deutsche Kaffee ist also besonders sauer. Vielleicht ist das auch der Grund, warum nur eine von vier Personen den Kaffee schwarz trinkt. Die Mehrheit in unserem Lande bevorzugt ihn mit Milch, denn die Milch neutralisiert die Säuren etwas, und durch die Milch wird auch die Säurebildung der Magenschleimhaut verringert. Der Kaffee wird dadurch bekömmlicher.

Das Flocken der Milch hat aber vor allem mit der Warmhaltezeit des Kaffees zu tun. Je länger der Kaffee steht, umso saurer wird er. Der pH-Wert, ein Maß für die Säure, verändert sich drastisch von 5,28 bei frischem Kaffee auf 4,9 nach nur drei Stunden! Wenn die Milch also flockt, dann wissen Sie jetzt, woran es liegt: alter Kaffee!

Was ist das Geheimnis der tanzenden Wassertropfen?

Home, sweet home: Was Sie über Ihren Haushalt wissen sollten

Warum wird der Keller im Sommer feucht?

89 Vielleicht kennen Sie das Problem: Im Keller ist es oft feucht und muffig. Besonders im Sommer riecht es dort unangenehm und an einigen Stellen bildet sich sogar Schimmel. »Ordentlich durchlüften!«, denkt man. Doch wenn Sie gerade im Sommer im Keller die Fenster aufreißen, lösen Sie das Problem nicht – im Gegenteil: Es wird noch schlimmer. Warum?

Das hat damit zu tun, dass warme Luft an kühlen Stellen kondensiert. Das Phänomen ist bekannt: Wenn Sie zum Beispiel im Sommer eine Flasche Bier aus dem Kühlschrank nehmen und auf den Tisch stellen, wird die Flasche mit der Zeit außen nass. Die warme Luft »schwitzt« sich an der kalten Flasche ab, sie kondensiert. Jeder kennt auch den beschlagenen Badezimmerspiegel nach der heißen Dusche. Warme Luft kann nämlich weit mehr Wasser aufnehmen als kalte.

Neben der Temperatur ist auch die relative Luftfeuchtigkeit ausschlaggebend für den Wassergehalt in der Luft. Das klingt zunächst etwas irritierend, doch man versteht es leichter, wenn man sich Folgendes klarmacht: Stellen Sie sich die Luft wie eine Kommode mit einer Schublade vor. In der Schublade kann Wasser gespeichert werden. Die relative Luftfeuchtigkeit gibt an, zu welchem Grad die Schublade gefüllt ist: 50 % relative Luftfeuchtigkeit bedeutet also: die Schublade ist halb voll. Bei 100 % kann die Luft kein weiteres Wasser aufnehmen.

Und jetzt zum Einfluss der Temperatur: Bleiben wir hierfür im Bild der Kommode. Die Temperatur bestimmt die Größe der Schublade. Ist es heiß, ist die Schublade groß und kann viel Wasser aufnehmen, wird es kälter, dann schrumpft die Schublade.

Es ist sofort einleuchtend, dass eine Abkühlung bei 100 % relativer Luftfeuchtigkeit die Schublade zum Überlaufen bringt, denn die prallgefüllte Schublade schrumpft und kann nicht mehr alles Wasser halten.

Und jetzt zurück zum feuchten Keller: Nehmen wir als Beispiel einen warmen Sommertag: Die Außentemperatur beträgt 25 °C, die Luftfeuchtigkeit liegt bei 80 %. In jedem Kubikmeter unserer warmen Sommerluft stecken 18 Gramm Wasser in Form von unsichtbarem Wasserdampf. Im Keller jedoch ist es kühl. Kalte Luft kann aber weit weniger Wasser aufnehmen als die warme, nämlich maximal 14 Gramm. Wenn also die warme Außenluft in den Keller gelangt, kühlt sie ab (im oben genannten Sinne schrumpft die Schublade) und kann nun nicht mehr das ganze Wasser halten. Dieses kondensiert an den kühlen Wänden. Pro Kubikmeter sind es bei unserem Beispiel vier Gramm Wasser zu viel. Füllt sich beim Lüften der gesamte Raum mit der Außenluft, dann gelangt, je nach Kellergröße, die Wassermenge eines randvoll gefüllten Glases in den Keller. Und wenn beim Lüften die Kellerfenster womöglich den ganzen Tag lang aufstehen, dann wird die Luft nicht nur einmal, sondern mehrmals ausgetauscht. Das sind viele Gläser Wasser! Es kondensiert an den kühlen Kellerwänden, diese werden feucht und mit der Zeit bildet sich unweigerlich Schimmel.

Was tun? Im Sommer die Kellerfenster schließen und nur dann lüften, wenn es außen kälter ist als innen! Im Notfall sollten Sie sogar mitten im Sommer im Keller die Heizung aufdrehen!

Klobrille gegen Spültuch – Wo ist es im Haushalt **am schmutzigsten?**

90 Jeden Tag wird in unseren Wohnungen ein erbarmungsloser Krieg geführt. Der Feind: Bakterien, Mikroorganismen und jede Menge krankmachender Keime. Die Waffen: Seife, Wasser, Staubsauger und eine ganze Batterie von Reinigungsmitteln.

Obwohl wir uns alle Mühe geben, können wir nicht gewinnen. Die Keime verbreiten sich zum Teil an ungewöhnlichen Orten, manchmal sogar dort, wo wir sie am wenigsten vermuten. Als ich gemeinsam mit meinen Kollegen das Thema im Rahmen einer Fernsehsendung behandelte, machten wir einen Test. Wir nahmen Unmengen an Proben an benutzten Spültüchern, Klobrillen, Kehrbesen, Teppichen, Türklinken usw. und brachten sie ins Labor. Mit mikrobiologischen Verfahren wurde dann genau untersucht, wo die Bakterienbelastung am höchsten war.

Bei Keimen und Krankheiten denken viele zunächst an die Toilette, doch es ist erstaunlich: Selbst häufig genutzte Klobrillen sind nur mäßig mit Bakterien belastet. Urin ist sauer und kein guter Nährboden für Bakterien. An anderen Orten hingegen wimmelt es von ihnen. So kann sich zum Beispiel ein Spülschwamm als lebendiges Mikrobennest erweisen. Das ewig feuchtwarme Klima des Schwamms und die Essensreste, die beim Wischen immer wieder von ihm aufgenommen werden, fördern das Wachstum so, dass die Bakterienbelastung mitunter sogar 30-mal höher ist als bei einer Klobrille!

Die schmutzigsten Orte aber sind Telefonhörer und Computertastaturen! Zwischen den Tasten sammeln sich jede Menge Staub, Haarschuppen und Krümel an, denn Computertastaturen werden – wenn überhaupt – nur sehr selten gründlich gereinigt. Dort haben wir 400-mal so viele Bakterien wie auf dem Klodeckel gezählt! Tastaturen, die von Frauen benutzt werden, sind übrigens stärker befallen als die ihrer männlichen Kollegen, bei Ersteren finden sich häufiger Kekskrümel und Cremespuren – idealer Nährboden für Mikroben!

Auf Telefonhörern wiederum findet man Überreste von Spucke und einen feinen fettigen Dreckfilm. Einige Wissenschaftler vermuten sogar, dass wir uns über den Telefonhörer anstecken können. Wer krank ist und telefoniert, hinterlässt Bakterien und Viren auf dem Hörer, die dort auf den nächsten Anrufer warten.

Problematisch sind aber alle Zonen, mit denen viele Menschen direkt in Berührung kommen: zum Beispiel Türgriffe. Hierbei gibt es interessante Unterschiede: Gut sind vor allem Griffe aus Messing, denn auf dem Metall können sich die Bakterien nicht so gut einnisten. Schlecht sind Kunststoffgriffe, weil sie porös sind. Die Zahl der gemessenen Keime liegt hier deutlich höher.

Falls Sie sich jetzt mit Desinfektionsmitteln auf einen Feldzug durch Ihre Wohnung begeben möchten, seien Sie nicht zu pingelig: Ein wenig Dreck schadet nicht!

Warum trocknet Plastikgeschirr
nicht in der Spülmaschine?

91 Heutige Geschirrspüler sind ökologisch vertretbar. Sie verbrauchen weniger warmes Wasser als wir, wenn wir selbst von Hand spülen. Doch es gibt da eine Auffälligkeit: Man räumt den Geschirrspüler aus, das Besteck, die Gläser und die Keramikteller sind trocken, nur das Plastikgeschirr ist immer noch nass. Warum trocknet Plastik nicht in der Spülmaschine?

Bei Geschirrspülern wird zunächst das gesamte Geschirr mit warmem Wasser erhitzt. Alles, egal ob aus Stahl, Glas, Keramik oder Kunststoff, wird dabei je nach Programm bis zu etwa 85 °C heiß. In der anschließenden Trocknungsphase verdampft das Wasser auf dem heißen Geschirr, bis alles trocken ist. Alles, bis auf das Plastikgeschirr!

Nehmen wir als Beispiel eine Kunststoff- und eine Keramiktasse. Beide sind zu Beginn gleich heiß, besitzen also dieselbe Temperatur, doch es gibt einen wichtigen Unterschied: Die Keramiktasse speichert erheblich mehr Wärme als die leichtere Kunststofftasse. Diese im Geschirr gespeicherte Wärme muss in der anschließenden Trocknungsphase ausreichen, um das Restwasser auf der Oberfläche der Teller und Tassen zu verdampfen. Bei Keramik ist das kein Problem, bei Plastik schon. Denn noch eine weitere Materialeigenschaft kommt hier zum Tragen: die sogenannte Wärmeleitfähigkeit.

Jeder hat das schon einmal erlebt: Wenn man heißes Wasser in eine Porzellantasse füllt, breitet sich die Wärme über das gesamte Gefäß aus und man verbrennt sich leicht die Finger. Bei Kunststoffbechern hingegen ist das nicht der Fall, denn Kunststoff leitet die Wärme zehnmal schlechter: Obwohl der Inhalt kochend heiß ist, kann man den Becher am Rand anfassen.

Zurück zum Geschirrspüler: Dort, wo sich nach dem Spülgang noch Tröpfchen befinden, verdampft das Wasser und nimmt dabei Energie mit. Somit kühlt die ursprüngliche Stelle ab. Doch durch die gute Wärmeleitung von Keramik, Glas oder Stahl fließt sofort Wärme nach. So bleibt die noch feuchte Stelle immer noch heiß genug, damit auch weiterhin Wasser verdampft, bis die Tasse trocken ist. Der Keramiktasse steht also die gespeicherte Energie aus der gesamten Tasse zur Verfügung. Der Kunststoffbecher ist jedoch ein schlechter Wärmeleiter. Zwar verdampft auch hier zunächst etwas Wasser, doch die feuchten Stellen sind bald kalt, und bedingt durch die zehnmal schlechtere Wärmeleitfähigkeit fließt kaum Wärme aus dem restlichen Becher nach und so bleibt das Plastikgeschirr nass.

Warum wird es sauberer mit Seife?

92 Wenn Sie Kinder haben, ist das Thema Hygiene ein Dauerbrenner: »Wann hast du zuletzt geduscht? Hast du auch Zähne geputzt? Sind die Fingernägel sauber? Wasch dir die Hände vor dem Essen, aber bitte mit Seife!« Bis junge Menschen solche Rituale umsetzen, braucht es manchmal sehr viel liebevolle Überzeugungsarbeit. Wann reicht nur Wasser beim Waschen und was bewirkt eigentlich die Seife?

Wasser ist zunächst fürs Waschen wichtiger als jedes Reinigungsmittel, denn hiermit werden alle wasserlöslichen Substanzen wie Staub, Zucker oder salzhaltige Stoffe gebunden. Doch bei fetthaltigem Schmutz kommt man alleine mit Wasser nicht weiter, denn Fett und Wasser stoßen sich ab. Wenn Sie zum Beispiel Öl und Wasser gemeinsam in eine Flasche geben, vermischen sich die Flüssigkeiten nicht, sondern setzen sich voneinander ab. Ähnlich ist es beim Waschen. Die kleinen Fettklümpchen werden vom Wasser nicht gebunden und bleiben auf der Haut oder den Textilien haften. Alleine mit Wasser hat man keine Chance, sie loszuwerden.

Die Seife übernimmt hier die Rolle eines Vermittlers. Die *Tenside*, wie sie auch genannt werden, schließen eine Art Kompromiss: Sie besitzen einen wasserliebenden und einen ölliebenden Teil:

Seifenmolekül

Wasserliebender Kopf	Fettliebendes Ende

Beim Waschen dringen die Seifenmoleküle in den ölhaltigen Schmutz ein und umgeben ihn. Durch die wasserliebenden Köpfe wird das Schmutzteilchen eingepackt und anschließend mit dem Wasser fortgeschwemmt. Seife ist also ein idealer Mittler zwischen Fett und Wasser.

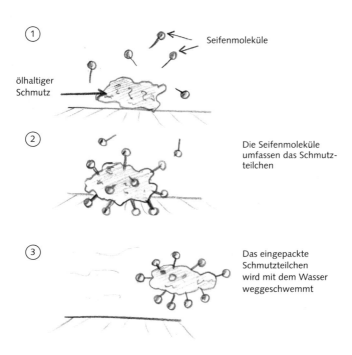

① ölhaltiger Schmutz — Seifenmoleküle

② Die Seifenmoleküle umfassen das Schmutzteilchen

③ Das eingepackte Schmutzteilchen wird mit dem Wasser weggeschwemmt

Etwas ganz Ähnliches gibt es bei der Mayonnaise: Da ist Eigelb der Vermittler zwischen Essig und Öl. Seife und Eigelb haben also dieselbe Rolle. Im Prinzip kann man sogar Seife durch Eigelb ersetzen. Es ist daher kein Zufall, dass nach alten Hausrezepten Haare mit Eigelb gewaschen wurden.

Natürlich könnten Sie auch umgekehrt eine Mayonnaise mit Seife anrühren. Die Mischung würde gelingen – doch schmecken würde sie nicht!

Nebenbei: Haben Sie sich schon einmal gefragt, warum der Seifenschaum immer weiß ist, auch wenn die Seife bunt war? Beim Schäumen reihen sich die Seifenmoleküle aneinander und verpacken einen hauchdünnen Wasserfilm. Dieser Seifenschaum wirkt wie Tausende winziger Spiegel, die das Licht reflektieren. Daher ist der Schaum immer weiß, auch wenn die Seife bunt war.

Was ist das Geheimnis der tanzenden Wassertropfen?

93 »Paulinchen war allein zu Haus,
die Eltern waren beide aus ...«

Struwwelpeter

Ich hatte in meiner Jugend die Küche als ein wunderbares Experimentierlabor entdeckt. Vor allem der Herd war für einfache Experimente gut geeignet. Ein Phänomen haben Sie vielleicht selbst schon beobachtet: Wenn Sie etwas kaltes Wasser auf der heißen Platte verschütten, schweben die Wassertropfen eine Weile über der Platte, statt sofort zu verdampfen. Wie kommt das?

Beim Auftreffen auf der Platte kommt das kalte Wasser zunächst in Kontakt mit dem heißen Untergrund. An der Unterseite der Tropfen verdampft das Wasser sofort und bildet eine Art Luftkissen aus Wasserdampf. Der Dampf treibt den Tropfen hoch und dieser beginnt wie ein Miniluftkissenfahrzeug zu schweben und verliert den direkten Kontakt zur Platte. Dabei wird er durch die Oberflächenspannung des Wassers zusammengehalten. Durch den Dampfmantel wird der Tropfen isoliert und die Heizplatte kann ihn nicht mehr so schnell erhitzen, denn Wasserdampf ist ein schlechter Wärmeleiter. Nur an der unteren Seite verdampft weiterhin etwas Wasser und sorgt dafür, dass das Luftkissen erhalten bleibt. Der schwebende Tropfen wird also nicht so stark erhitzt und damit steigt seine Lebensdauer an.

Die tanzenden Wassertropfen waren ein Faszinosum: Ich habe das Experiment mit Wasser, Salzwasser, Saft und sogar Milch gewagt. Milch ist ganz schlecht: Nachdem das Wasser verdampft ist, bleiben Fett und Eiweiß übrig und verbrennen auf der Herdplatte. Am Ende stinkt es entsetzlich! Mit sauberem Wasser klappt es am besten. Salzwasser hinterlässt eine weißliche Salzschicht auf der Herdplatte und Säfte stinken wegen des Zuckers, der auf der Herdplatte verkokelt. Schon kleine Verunreinigungen, wie zum Beispiel Reste von Spülmittel, zerstören die Oberflächenspannung. Der Tropfen hält nicht mehr zusammen und die kleine Zirkusnummer entfällt. Die Wärme der Heizplatte treibt sogar einen kleinen Motor an: Wenn man genau hinschaut, sieht man, wie das Wasser im Innern des Tropfens herumwirbelt.

Durch das Verdampfen verliert das schwebende Gebilde Wasser, hierdurch schrumpft der Tropfen mit der Zeit. In dieser Phase tanzt er auf der Wasserdampfschicht hin und her und lässt sich durch leichtes Pusten aus der Bahn bringen. Mit der Zeit erwärmt sich das Wasser im Innern des Tröpfchens immer mehr, bis es dann auf einen Schlag verkocht.

Bei meinen Versuchen merkte ich, dass die Temperatur der Herdplatte entscheidend ist. Ist sie nicht heiß genug, bildet sich weniger Wasserdampf an der Unterseite und der Abstand zwischen Tropfen und Platte verringert sich. Dadurch heizt sich der Tropfen (trotz kühlerer Platte) sehr viel schneller auf. Bei zu heißem Untergrund schrumpft die Lebensdauer ebenfalls. Nach einer ganzen Versuchsreihe fand ich heraus, dass die optimale Temperatur bei knapp über 200 °C liegt. Manche Tropfen tanzen dann über eine Minute lang!

Erfahrene Köche überprüfen mit ein paar Wassertröpfchen, ob die Pfanne heiß genug ist. Ist es nicht toll, wie viel Wissenschaft in einem Tropfen steckt? Nur ein Tipp: Herdplatte wieder ausschalten und sauber machen, sonst tanzen die Eltern!

Warum wölbt sich der Duschvorhang
beim Duschen immer nach innen?

94 In diesem Kapitel gibt es Wissenschaft für Warmduscher! Denn die kennen bestimmt das Phänomen: Der Duschvorhang wölbt sich beim Duschen nach innen und klebt dann oft unangenehm an den Beinen. Aber so bekannt das Phänomen auch ist, so unbekannt sind die Gründe dafür. Erklärungsversuche jedenfalls gibt es viele.

Theorie eins ist der »Kamineffekt«: Das warme Wasser heizt die Umgebungsluft auf, diese steigt nach oben und erzeugt einen leichten Unterdruck. Der Vorhang wölbt sich nach innen. Klingt plausibel, doch es gibt da ein Problem: Wenn das Wasser kalt ist, wölbt sich der Vorhang immer noch.

Theorie zwei lautet: Die Wassertröpfchen des Duschkopfs reißen auf ihrem raschen Weg nach unten Luft mit sich. Dieser bewegte Luftstrom erzeugt am Rande einen Unterdruck, der den Vorhang anzieht. *Bernoulli-Effekt* nennt man das in der Physik. Je näher der Duschkopf am Vorhang ist, umso intensiver müsste der Effekt dann sein. Habe ich selbst ausprobiert, stimmt auch nicht so richtig.

Die erlösende Theorie Nummer drei stammt vom Strömungsforscher David Schmidt von der University of Massachusetts. In seinem Berufsleben als Professor untersuchte er den Verlauf feinster Tröpfchen in Verbrennungsmotoren. Mithilfe von Computersimulationen kann so das Strömungsverhalten optimiert werden. Dieses Programm nutzte er auch, um die Duschvorhangfrage zu klären. Er teilte einen virtuel-

263

len Duschraum in 50.000 kleine Zellen ein und ließ den Computer arbeiten. In jeder einzelnen Zelle wurden Druck, Temperatur und auch die Strömungsgeschwindigkeit erfasst. Dieses Prinzip der kleinen Zellen ist gängig. Mit solchen Verfahren wird zum Beispiel auch die Wettervorhersage berechnet.

Nach Tagen der Rechenzeit hatte Schmidt endlich 30 Sekunden Duschen in der trockenen Zahlenwelt des Computers simuliert. Dabei zeigte sich etwas Überraschendes: Die Tröpfchen der Dusche treiben offenbar einen größeren Wirbel an. Dieser dreht sich wie ein unsichtbarer Sturm in der Duschkabine. In größeren Duschen ist dieser Wirbel so groß, dass es sogar unangenehm zieht. An den Randbezirken zirkuliert die Luft sehr schnell und saugt so den Vorhang an.

Die beste Dusche entdeckte ich bei einem Hotelaufenthalt in Berlin. Der Duschkopf war besonders breit und erzeugte einen feinen Nieselregen. Der resultierende Luftwirbel war gewaltig. Das musste ich genauer untersuchen! Es war das einzige Mal in meinem Leben, dass ich mit einer brennenden Kerze duschte. Anhand der Flamme verfolgte ich den genauen Verlauf der Luftströmung. Es handelt sich tatsächlich um *einen* großen Wirbel. Mit mathematischer Genauigkeit spuckte David Schmidts Computer die Verbiegung des Vorhangs aus. Die Form stimmt mit der Wirklichkeit überein und bestätigt somit Schmidts Wirbeltheorie.

Vor allem dünne Vorhänge werden angesaugt und beulen dann aus. Doch bevor Sie das Problem mathematisch angehen, beschweren Sie einfach den Vorhang.

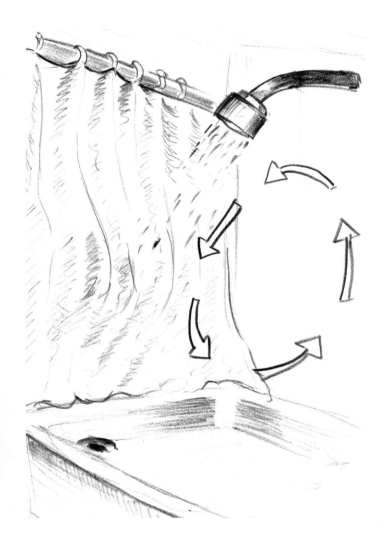

Wie dreht der Strudel
in der **Badewanne?**

95 Vor einigen Jahren hatte ich die Idee zu einer scheinbar einfachen Zuschauerfrage im Rahmen unserer
Fernsehsendung »Kopfball«. Sie lautete: »Wie herum dreht
sich der abfließende Wasserwirbel in der Badewanne?« Die
Antwort war aus meiner Sicht sehr eindeutig, so dachte ich
jedenfalls. Die Zuschauer hatten eine Woche Zeit, um uns die
Lösung auf einer Postkarte zuzusenden.

Falls Sie, verehrte Leserin, verehrter Leser, sich intensiver mit
Physik befasst haben, dürfte Ihnen diese Frage bekannt vorkommen, und ich gehe jede Wette ein, dass Ihnen dann in
diesem Zusammenhang das Wort *Corioliskraft* einfällt.

Da die Erde ein rotierendes Bezugssystem darstellt, wirkt die
Corioliskraft auch auf das abfließende Wasser der Badewanne. Auf der Nordhalbkugel – so die Theorie – dreht der
Strudel entgegengesetzt zum Uhrzeigersinn, auf der Südhalbkugel strudelt die Badewanne andersherum. Schließlich sorgt
eben jene Corioliskraft auch dafür, dass auf der Nordhalbkugel die Winde alle Hochdruckgebiete im Uhrzeigersinn
umwehen und alle Tiefdruckgebiete gegen den Uhrzeigersinn.

Die richtige Antwort unserer »Kopfballfrage« sollte also lau-
ten: »Der Badewannenstrudel dreht sich *entgegen* dem Uhrzeigersinn!« Die Frage war ein Erfolg, denn die Resonanz
unserer Zuschauer war immens. In den folgenden Tagen
erreichten uns über tausend Einsendungen, die von Mitarbei-

tern unserer Redaktion vorsortiert wurden. Kinder, Erwachsene, Physiker und Nichtphysiker schrieben uns ihre Antwort, doch das Ergebnis war verblüffend: Bei der Hälfte der Zuschauer drehte der Strudel im Uhrzeigersinn, bei der anderen genau entgegengesetzt. Bei einigen schien sich der Drehsinn sogar nach Belieben umzukehren. »Bist du dir bei der Antwort sicher?«, fragte mich meine Kollegin. Natürlich war ich mir sicher, der Stoff wird in jedem Physik-Vordiplom abgefragt, und in vielen Lehrbüchern und Kursen wurde der Badewannenstrudel als Illustration der Corioliskraft genannt. Ich schlug ein Physikbuch auf und zeigte ihr die entsprechende Stelle, doch sie blieb skeptisch: »Ich habe es ausprobiert – es stimmt nicht!« Kurze Zeit später standen wir in der Teeküche und ließen das Waschbecken volllaufen. Während das Becken sich füllte, erzählte ich von den Hoch- und Tiefdruckgebieten und davon, dass das Phänomen nicht am Äquator auftaucht. Nein, – es könne keinen Zweifel daran geben – die Antwort war eindeutig. Dann zog ich den Stöpsel heraus und gemeinsam beobachteten wir, wie sich der Strudel bildete. »Genau wie es die Theorie vorhersagt!« Der Strudel rotierte entgegen dem Uhrzeigersinn und in mir machte sich das Gefühl einer Sicherheit breit – auf die Physik ist schließlich Verlass!

Doch kaum war das Wasser abgeflossen, füllte meine ungläubige Kollegin –, sie war bekennende Nichtphysikerin – das Becken erneut und wiederholte den Versuch. Dieses Mal drehte sich der Strudel im Uhrzeigersinn. »Siehst du – es stimmt nicht!« An diesem Nachmittag wiederholten wir das Experiment etliche Male, und nachdem sehr viel Wasser durch den Abfluss geflossen war, gab es keinen Zweifel mehr: Der Drehsinn des Strudels schien beliebig zu sein, und ich fühlte mich von Herrn Coriolis und der Erdrotation verraten. Erst nach einigen Telefonaten und Berechnungen wurde mir klar, dass die Corioliskraft beim Badewannenstrudel so gut wie keine Rolle spielt. Andere Störungsphänomene wie zum Beispiel eine kleine Unebenheit im Abfluss, ein leicht schräges Siphon oder selbst ein feiner Kalkrand besitzen einen weit größeren Einfluss auf den Drehsinn als die Corioliskraft.

In der Sendung am darauffolgenden Sonntag leistete ich Abbitte und eröffnete dem Fernsehpublikum meine überraschende Erkenntnis: »Der Strudel dreht sich, ja – aber eben nicht so, wie ich dachte!«

Unser naturwissenschaftliches Denken ist geprägt vom Prinzip der Reduktion und Abstraktion. Naturerscheinungen werden trotz ihrer Vielfalt auf elementare Grundmuster reduziert, die sich dann mit allgemeinen Naturgesetzen beschreiben lassen. Oft wird also bewusst vereinfacht, doch das »richtige Leben« begnügt sich nicht immer mit idealisierten Annahmen und einfachen Formeln.

Was tut man
gegen Kopfläuse?

96 Allein in den USA verpassen Kinder wegen des lausigen Problems zusammengerechnet etwa 12–24 Millionen Schultage im Jahr! Verzweifelte Mütter, aber lachende Kinder, weil sie ein paar Tage nicht zur Schule müssen, denn: Läuse sind hartnäckig.

Kopfläuse haben nichts mit mangelnder Hygiene oder sozialer Armut zu tun und sind auch in unseren Kindergärten und Schulen weitverbreitet. Die Insekten springen oder fliegen auch nicht von einem Opfer zum nächsten. Die Übertragung läuft meistens ganz direkt von Haar zu Haar. In Kindergärten oder Grundschulen kommt es daher häufiger zum Lausproblem, denn dort wird gerne geschmust und gekuschelt.

Die Läuse jucken, denn sie ernähren sich ausschließlich von menschlichem Blut. Alle zwei bis drei Stunden stechen sie in die Kopfhaut und diese kleinen Wunden können sich dann entzünden. Läuse vermehren sich rasend schnell, sie legen täglich vier bis zehn Eier. Die *Nissen*, wie die Laus-Eier heißen, werden am Haaransatz abgelegt. Sie sehen aus wie Schuppen, aber kleben fest an den Haaren. Alle drei Wochen entsteht eine neue Generation: Nach etwa acht Tagen schlüpfen die Larven aus den Nissen und nach weiteren zehn Tagen sind die neuen Läuse geschlechtsreif!

Es ist unglaublich, welche Radikalkuren gegen die winzigen Tierchen helfen sollen: diverse Haushaltsöle und Essenzen, Waschen in Benzin, überlange Saunagänge, doch Läuse sind hartnäckig – und die alten Rezepte sind wirkungslos! Bei Kopflausbefall gibt es nur drei effektive Gegenmaßnahmen: Chemie, den Läusekamm und Hitze.

Die chemischen Mittel, wie zum Beispiel insektizidhaltige Shampoos, wirken zwar ganz gut, müssen aber richtig angewendet werden: Das in ihnen enthaltene Gift tötet nämlich nur die lebenden Läuse, doch nicht die Nissen. Nach der ersten Behandlung sieht alles zunächst gut aus, doch nach acht Tagen sollte man die Prozedur unbedingt wiederholen, damit man auch die frisch geschlüpften Läuse der noch verbliebenen Laus-Eier erwischt.

Auch der Läusekamm funktioniert als Gegenmaßnahme, doch das genaue Auskämmen ist zeitaufwendig und auch hier gilt: die Prozedur mehrfach wiederholen. Man muss sie eben alle erwischen – und das ist nicht einfach.

Hier könnte eine besondere Erfindung Abhilfe schaffen: Forscher der Universität Utah haben einen Spezialföhn entwickelt, den *Lousebuster*. Der von ihm produzierte Luftstrom ist 60 °C heiß und trocknet die Läuse aus. Um ihr Produkt zu testen, infizierten sich die Forscher und auch andere Freiwillige mit Läusen und setzten dann den Lousebuster ein. Stolz präsentierten sie ihre ersten Ergebnisse: Nach nur 30 Minuten Behandlung mit dem Prototyp-Föhn waren alle Parasiten unschädlich! Nur einen kleinen Haken gab es bei der Präsentation: Die Frau eines Forschers, die nicht am Versuch teilgenommen hatte, kratzte sich plötzlich am Kopf – Diagnose: Kopfläuse!

Auch meine Kinder hatte es mal erwischt und zu Hause herrschte daraufhin große Aufregung. Nach der ersten chemischen Keule sollten alle Läuse beseitigt sein. Ich packte mein Mikroskop aus und wir begannen, die verbliebenen Nissen genauer zu studieren. Meine Frau war verzweifelt, doch unsere Kinder waren begeistert. Immer dann, wenn sie auf eine lebende Nisse stießen, gab es einen Aufschrei: »Boohh schau mal, die lebt noch! Yippie! Ich darf noch nicht in die Schule.« Die Aussicht auf schulfrei ist ein starkes Motiv und noch nie zuvor hatte ich meine Kinder mit so viel Ausdauer am Mikroskop erlebt. Nach acht Tagen und akribischer Suche, war im Mikrokosmos der Haare kein Leben mehr auszumachen. Das Läuseproblem war überstanden; zur Freude meiner Frau – zum Leidwesen unserer Kinder: Sie mussten wieder in die Schule.

Warum landen die Strümpfe
beim Waschen im Bettbezug?

97 Ist es Ihnen auch schon passiert, dass sämtliche Kleidung in der Waschmaschine am Schluss des Waschvorganges im offen gelassenen Bettbezug steckte?

Beim Laden der Waschmaschine wird eine bunte Vielfalt von Hemden, Hosen, Strümpfen in die Trommel gestopft und manchmal ist auch ein Bettbezug dabei. Während des anschließenden Waschvorgangs wird dieses Sammelsurium immer wieder durcheinandergemischt. Dazwischen, beim Einweichen der Wäsche, gibt es dann Pausen. Der Bettbezug ist nur an einer Seite offen. Je nach Beladung der Maschine läuft Folgendes ab: Wenn nicht zu viel Wäsche in der Trommel ist, öffnet sich der ruhende Bettbezug im Wasser. Manchmal gerät ein kleineres Kleidungsstück per Zufall hinein. Beim Wechselspiel zwischen Mischen und Stillstand rutscht das Wäschestück dann immer tiefer in den Bettbezug und die Wahrscheinlichkeit, dass es je wieder herausfindet, wird immer geringer.

Bettbezüge wirken also wie eine offene Falle. Es ist einfacher, hineinzukommen als wieder heraus. Fischreusen funktionieren nach einem ähnlichen Prinzip. Obwohl sie an einer Seite offen sind, finden viele Fische aus diesem einfachen Labyrinth nicht mehr in die Freiheit zurück. Im Gegensatz zu Fischen verfügen Socken allerdings auch nicht über einen ausgesprochenen Freiheitsdrang ...

An vielen anderen Stellen im Haushalt gibt es verwandte

Phänomene und auch hier geht es um das Verhältnis zwischen »Wahrscheinlichkeit rein« zu »Wahrscheinlichkeit raus«. Wenn das Verhältnis nicht exakt ausgeglichen ist, sammelt sich etwas an: Staub findet sich zum Beispiel bevorzugt in Ecken oder in bestimmten Zonen, in denen es wenig zieht. Die Wahrscheinlichkeit, von dieser Stelle wieder »weg« zu kommen, ist klein! Wenn der Staub also einmal dorthin gerät, kommt er nicht von alleine wieder weg und so sammelt er sich mit der Zeit. Bei sogenannten Wollmäusen wird der Effekt noch verstärkt, denn je mehr Staub und Härchen zusammenfinden, umso schwerer wird das Gebilde.
Staub und Socken teilen also das Schicksal der Gefangenschaft.

Wie groß muss ein Spiegel mindestens sein, damit man sich ganz darin sehen kann?

98 Wir haben Jahre oder sogar Jahrzehnte die Schulbank gedrückt. Wir haben lateinische Vokabeln pauken müssen, lernten die Akteure der Französischen Revolution kennen, lösten unzählige mathematische Gleichungen oder mixten geduldig Säuren und warteten auf einen Farbumschlag im Becherglas. Und was davon haben wir behalten? Nichts! Schon bei einfachsten Alltagsfragen versagt unser Schulwissen: Wie groß muss ein Spiegel sein, damit man sich ganz darin sieht?

Viele meinen, es habe mit dem richtigen Abstand zu tun. Sprich, kleiner Taschenspiegel und langer Arm könnten das Problem lösen. Doch wenn man es mal ausprobiert, merkt man: Das klappt nicht. Ein Spiegel wirft nämlich das einfallende Licht zurück.

Sie glauben es nicht, doch in Ihrer Schulzeit mussten Sie das Folgende lernen: »Eintrittswinkel gleich Austrittswinkel«. Das Bild, das wir im Spiegel sehen, ist lediglich der reflektierte Strahl, der unsere Augen erreicht. Es scheint daher so, als stünde unser Spiegelbild auf der anderen Seite. Wir verlängern nämlich die Lichtstrahlen und »bauen« uns im Kopf ein Spiegelbild, das scheinbar »hinter« dem Spiegel steht. Wenn wir uns also vom Spiegel entfernen, geht auch unser Spiegelbild auf Distanz. Durch das Vergrößern des Abstands sehen wir daher nicht mehr von uns.

Natürlich wird dabei links und rechts vertauscht: Während ich zum Beispiel den Stift in der linken Hand halte, hält mein gespiegeltes Gegenüber den Stift in der Rechten. Um mich im Spiegel jedoch ganz zu sehen, muss der reflektierte Lichtstrahl sowohl meinen Kopf als auch gerade noch meine Füße erfassen. Nur so kann ich mich von Kopf bis Fuß sehen.

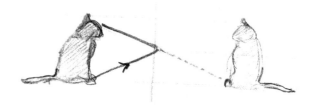

Wenn Sie es ausprobieren, werden Sie feststellen: Der Spiegel muss mindestens halb so groß sein wie man selbst, damit man sich ganz darin sieht.
Der Abstand spielt dabei, wie gesagt, keine Rolle, da das Spiegelbild die Abstandsänderung immer mitmacht.
Um sich mit einem kleinen Spiegel vollständig sehen zu können, muss seine Oberfläche nach außen gekrümmt sein. Hierdurch wird das Spiegelbild verkleinert und bei einer aus-

reichenden Krümmung passt man dann ganz in den Rahmen. Sie kennen das Prinzip vom Seitenspiegel des Autos.
Durch die Krümmung bekommt man einen besseren Über-
blick. Warum haben wir das nicht in der Schule verstanden ...?

Warum sollte man im Lotto nie 1, 2, 3, 4, 5, 6 tippen?
Zahlen, bitte!

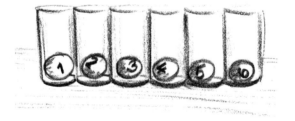

Woher kommt
die Null?

99 »Du bist eine Null!«, hört man manchmal: Das »Nichts« ist irgendwie negativ belegt, doch wie kann »Nichts« schlecht sein?

Wenn Kinder das Zählen üben, dann tun sie es gerne mit den Fingern, nach dem Motto: Zwei und drei gleich fünf. Nur mit der Null gibt es Probleme – da fehlt der entsprechende Finger.

Die Null ist in der Tat etwas Besonderes. Obwohl die Menschen schon lange zählten und rechneten, fehlte die Null. Auch im römischen Zahlensystem gibt es kein Zeichen für die Null. Das »Nichts« war den Menschen nicht geheuer.

I	II	III	IV	V
VI	VII	VIII	IX	X

Unsere Null wurde in Indien erfunden. Anfang des 13. Jahrhunderts kam sie dank der Handelsbeziehungen zwischen Arabien und Italien nach Europa. Hier wurde sie lange Zeit als Teufelswerk abgetan. Die Europäer wollten sich nicht von ihren alten Rechentafeln trennen. Und die Null, das Nichts, durfte es ohnehin nicht geben. Denn das Nichts war in Europa ein verbotener gottloser Raum, ein Tabu! Der *horror vacui*, die »Abscheu vor der Leere«, prägte jahrhundertelang das Denken der abendländischen Philosophen und Naturforscher.

Mathematiker wie der Rechenmeister Adam Ries etablierten im 16. Jahrhundert das moderne Rechnen mit arabischen Ziffern. Mit der Null konnte man jeder Ziffer eine Stelle zuweisen: 10er, 100er, 1.000er. Mit seiner Methode wurde das Multiplizieren und Dividieren leichter. Heute rechnen wir, wie es so schön heißt, »nach Adam Riese«. Und eben dieser Ries verhalf auch der Null zu ihrem Siegeszug.

Selbst in der Sprache kann man den langen Weg der Null[11] zurückverfolgen: Aus dem ursprünglich indischen Namen »Sunya« wurde das arabische »sifr«. In Italien verwandelte sich »sifr« zu »zefiro«, in der venezianischen Mundart entstand daraus ein »zero«, ebenso, über Umwege, auch in England. Die Franzosen machten aus dem Wort ein »Cyfre«, beziehungsweise später »Chiffre«. Und in Deutschland schließlich wurde die Null dann »Zeifer« genannt. Das Wort Ziffer erinnert also noch heute an diese Revolution.

Der Computer zerlegt unsere Welt übrigens in 0 und 1. Wir haben lange gebraucht, aber jetzt wissen wir's endgültig: Null ist eben mehr als Nichts!

Was macht **die 13**
so besonders?

100 Manchmal hat man den Eindruck, wir können nicht zählen: In einigen Häusern fehlt das 13. Stockwerk, in Hotels das Zimmer 13 oder im Flugzeug die Sitzreihe 13. Inmitten einer hoch technisierten Gesellschaft gibt es wohl immer noch einen sonderbaren Aberglauben. Doch warum gilt die 13 als Unglückszahl?

Vielleicht liegt es schlicht an der Zahlennachbarin, der 12: Sie ist ungemein praktisch, wenn es um das Portionieren geht, denn sie lässt sich leicht in Faktoren unterteilen: 12 = 2 x 6, 3 x 4, 4 x 3 und 6 x 2. So ist es kein Zufall, dass es zum Beispiel 12 Monate, 12 Apostel und 12 Sternzeichen gibt oder eine Oktave 12 Halbtonschritte umfasst.

Die Tradition, im Dutzend zu rechnen, ist sehr alt: Im Warenverkehr der vergangenen Jahrhunderte wurde die 12 aus praktischen Gründen gerne genutzt. Das Aufteilen war einfach, das Ordnen und Verpacken simpel. Noch heute gibt es Eier im Dutzend, und das Bier trägt sich im Sixpack besonders gut. Auch die Europafahne hat – welch ein Zufall – 12 Sterne, obwohl die Zahl der Mitgliedsstaaten deutlich größer ist. Die 12 ist vollständig!

Die 13 hingegen schlägt aus der Reihe: Eins mehr als ein Dutzend. Zudem ist die 13 eine Primzahl, das heißt, sie lässt sich, ganz im Gegensatz zur 12, nicht durch eine kleinere Zahl teilen. Versuchen Sie mal, 13 Bonbons unter Kindern aufzuteilen, das gibt fast immer Streit. Die Zahl 13 widersetzt sich also der Ordnung und missachtet jede Symmetrie. Vermutlich liegt das Rätsel der Unglückszahl also in der mathematischen Besonderheit, im Überschreiten des Dutzends.

So lesen wir bei Dornröschen zum Beispiel von der bösen 13. Fee. Und in der Religion wird sie zur Zahl der Sünde: Das 13. Kapitel der Johannesoffenbarung handelt vom Antichristen und die jüdische Kabbala kennt 13 böse Geister ...

Objektiv gibt es jedoch keinen Grund, die 13 schlechtzumachen. Das Rechnen mit ihr ist zwar unpraktisch, aber – trotz allem Aberglauben – Unglück bringt sie nicht! Blickt man auf andere Kulturen, dann bringt die Zahl 13 Glück. In Mexiko galt sie sogar als heilig!

Was heißt
digital?

101 Drei Wochen vor der ersten Mondlandung bekamen wir unser erstes Fernsehgerät. Es war ein älteres Schwarz-Weiß-Modell von Freunden meiner Eltern. Das Gerät hatte leider einen Defekt: Das Bild war nicht stabil und drehte sich nach Belieben, und wenn es denn einmal stillhielt, rauschte es und war voller »Schnee«. Nach einigen Versuchen hatte meine Mutter einen Trick herausgefunden: Immer dann, wenn man ein größeres Stück Metall auf das Gerät legte, verbesserte sich die Bildqualität. Wir probierten alles aus, Bügeleisen, Töpfe, Werkzeugkasten, aber am ruhigsten verhielt sich das Fernsehbild, wenn das Luftgewehr meines Großvaters darauf lag. Egal ob John Wayne Fort Laramy verteidigte, Daktari im Busch erneut ein verlassenes Leopardenbaby rettete oder Neil Armstrong seine ersten außerirdischen Gehversuche unternahm, bei allem zielte stets der Lauf des Luftgewehrs in Richtung Zuschauer. Bereits unser nächstes Gerät kam ohne »Hilfsantenne« aus, wenig später brachten Kabelfernsehen und Satellitenempfänger Dutzende störungsfreier Kanäle ins Haus.

Heute erleben wir eine weitere Revolution: digitales Fernsehen. Bislang besaß jede Informationsform noch ihren eigenen Träger. Geschrieben wurde auf Papier, fotografiert auf Film und Musik gab es auf Tonband oder Schallplatte. Wenn man so will, bekam also jede Informationsform bislang eine Sonderbehandlung. Doch mit der neuen Digitaltechnik wird

nun alles auf einen gemeinsamen Nenner gebracht. Es gibt also keinen qualitativen Unterschied mehr in der Darstellung von Text, Film und Musik, denn alles kann, vergleichbar mit dem Morsealphabet, das sich aus kurzen und langen Tönen zusammensetzt, durch eine Zahlenfolge von Nullen und Einsen verschlüsselt werden.
Kinder kennen das Prinzip, das sich dahinter verbirgt: Malen nach Zahlen. Bei diesen Bildern wird jeder Farbe eine Zahl zugeordnet: 1=Gelb, 2=Rot, 3=Violett und so weiter. Die Information des Bildes verbirgt sich also in Zahlen und erst beim Ausmalen gibt es dann die Umwandlung von Zahl in Farbe. Das Bild liegt somit zunächst in Form von Zahlen vor – *digital*. Das Wort bedeutet so viel wie »Zahl« und leitet sich aus dem lateinischen Wort für Finger – *digitus* – ab.

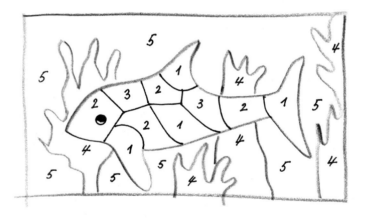

Zahlen sind die Domäne der Computer, denn diese können zunächst nichts anderes, als Zahlen zu berechnen und abzuspeichern. Liegt ein Bild digital vor, also in Form vieler Zahlen, so kann man diese durch einfache Rechenoperationen verändern. Per Computer ist es daher kein Problem, ein Bild umzufärben: Aus Gelb wird Rot, aus Rot wird Violett ... Hierfür braucht man nur die jeweiligen Zahlenfarbe durch eine neue zu ersetzen.

Dieses Zuordnungsspiel klappt nicht nur bei Farben, sondern auch bei Tönen oder Buchstaben. So kann man das ABC ebenfalls in Zahlen umwandeln: 1, 2, 3 und schon hat man einen Buchstabencode. Kinder erschaffen sich auf diese Weise kleine Geheimsprachen, und nach einem ganz ähnlichen Prinzip funktionieren auch Computertastaturen. Bei jedem Tastendruck wird ein Buchstabe digitalisiert und in eine entsprechende Zahl umgeformt. Die genaue Zuordnung erfolgt zum Beispiel per *ASCII-Code* und sieht dann so aus:

F = 70 **I** = 73 **S** = 83 **C** = 67 **H** = 72

Dieses Digitalisierungsverfahren kann man auf fast alles anwenden: Farben, Buchstaben, Schallwellen, Temperaturen oder Helligkeiten. Alles lässt sich umwandeln in Zahlen und das hat viele Vorteile: Man kann diese Zahlendaten bearbeiten, abspeichern und sie später wieder zurückführen in Farben, Texte oder Töne, und zwar ohne Qualitätsverlust!

Wenn ich ein Farbbild kopiere, verändern sich die Farben immer leicht. Die Kopie ist immer schlechter als das Original. Beim Kopieren von Zahlentafeln geht hingegen keine Information verloren, und solange ich die Zahlen noch erkennen kann, wird das Bild nach der Umwandlung von Zahl in Farbe genauso bunt wie die Vorlage. Bei den digitalen Daten gibt es also keinen Unterschied zwischen Original und Kopie. Und auch hier ist es egal, ob es sich um Farben, Töne oder sonstige Daten handelt. Das Kopieren und Brennen von CDs ist daher so beliebt, denn zum Original gibt es keinen Unterschied. Ein digitales Farbfoto besteht aus einem riesigen Feld von Punkten und jeder Punkt besitzt seine jeweilige Farbzahl.

284

Und da es zum Beispiel verschiedene Blautöne gibt, wird jedem einzelnen Blauton und jeder Helligkeit eine Zahl zugeordnet. Ein einzelnes Digitalfoto besteht daher aus mehreren Millionen Zahlen. Ein Kind bräuchte Monate, um solch ein Digitalbild auszumalen; die Digitalkamera schafft das im Nu!

Warum wird es beim
Ratenkauf teuer?

102 Unsere Gesellschaft ist ungeduldig und das zeigt sich häufig beim Einkaufen. Statt zu sparen, bis man sich das gewünschte Teil leisten kann, verfallen immer mehr Menschen dem Ratenkauf: Heute bestellen, in Raten bezahlen.

Zunächst klingt das ja sehr praktisch, denn man kann sofort das Wunschobjekt mit nach Hause nehmen, doch kleinere Anzahlungen werden mit erhöhten Zinsen quittiert, und nur wer genau rechnet, merkt, wie die eigene Gutgläubigkeit anderen gnadenlos zu Reichtum verhilft.

Ein konkretes Beispiel: Ein großes Kaufhaus bietet einen Fernseher zum Schnäppchenpreis von 599,99 € an. Das verlockende Angebot: Jetzt kaufen, in 77 Tagen bezahlen und zwar bequem in kleinen Monatsbeträgen, Laufzeit 24 Monate.

Bei diesem Kauf zeigt sich, dass es einen Aufschlag für den Ratenkauf gibt und auch noch einen für die Zahlpause, also den verzögerten Beginn der Rückzahlung. Wenn Sie es ausrechnen, landen Sie am Ende bei einem Preis von 703,19 €. Sie legen also insgesamt über 100 € mehr auf den Tisch!

Ich konnte nicht glauben, dass selbst Spielkonsolen, Fitnessgeräte oder Reizwäsche auf Raten gekauft und so teuer bezahlt werden. Die Folge: Immer mehr Menschen tappen in die Ratenfalle. Die Zahl der überschuldeten Privathaushalte in Deutschland liegt derzeit bei über drei Millionen! In Ostdeutschland ist sogar mehr als jeder zehnte Haushalt überschuldet, das heißt, die Betroffen sind auf unabsehbare Zeit nicht mehr in der Lage, aus ihrem Einkommen oder Vermögen ihre laufenden Zahlungspflichten zu erfüllen. Sie sind zahlungsunfähig.

Wir leben auf Pump, das zeigt auch unsere astronomische Staatsverschuldung: Inzwischen geben wir *jeden siebten Euro* nur zur Zinsdeckung der Gesamtverschuldung unserer öffentlichen Haushalte aus; eine Tilgung ist nicht in Sicht. Und wir haben Glück, denn derzeit sind die Zinsen niedrig. Eine Erhöhung des durchschnittlichen Zinssatzes öffentlicher Anleihen um nur 1 % zieht eine Erhöhung der jährlichen Zinslast um 15.000.000.000 (15 Milliarden) € nach sich. Aber egal wie niedrig die Zinsen sind: Am Ende ist der Preis zu hoch!

Ratenkaufpreis mit Zahlpause bei 24 Monatsbeträgen	
Grundpreis	599,99 €
Aufschlag Zahlpause	9,60 €
Aufschlag Ratenkauf	93,60 €
Gesamtsumme	<u>703,19 €</u>

Warum rechnet man in der Seefahrt in **Seemeilen?**

103 Wenn wir heutzutage eine Distanz angeben, rechnen wir in Kilometern. Doch es gibt da eine Ausnahme: die Seefahrt. Dort wird mit einem anderen Längenmaß gearbeitet: der Seemeile.

In der Geschichte der Seefahrt gab es lange Zeit ein großes Durcheinander, denn jede Nation und jede Zunft nutzte ihr eigenes Längenmaß. Die Meile geht zurück auf die Antike: Das Wort leitet sich vom Lateinischen *mille*, gleich »Tausend«, ab. Für die römischen Söldner entsprach eine Meile exakt 1.000 Doppelschritten. Das waren in etwa 1.480 Meter. Die Seemeile hingegen misst 1.852 Meter und hat ihren Ursprung in einer ganz praktischen Überlegung: Legt man nämlich ein Band um den Äquator, kann man eine volle Umdrehung in 360 Grad einteilen. Jedes einzelne Grad lässt sich dann noch feiner unterteilen: In jeweils 60 Bogenminuten. Die Seemeile entspricht dabei exakt der Distanz einer Bogenminute am Äquator.

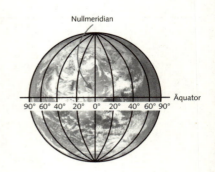

Auf diese Weise sind auch die Seekarten aufgebaut, der praktische Vorteil liegt auf der Hand: Man kann anhand des Kartennetzes sofort die Entfernung ablesen: 1 Grad sind 60 Seemeilen.

Wenn das Schiff zum Beispiel mit einer Geschwindigkeit von einer Seemeile pro Stunde am Äquator entlangfährt, hat es der Kapitän einfach: Nach 60 Stunden hat sein Schiff 60 Bogenminuten, also genau ein Grad, zurückgelegt, und das kann er, ohne groß zu rechnen, eben sofort an der Karte ablesen. Für Seeleute ist die Seemeile daher ein viel praktischeres Längenmaß als der Kilometer. Auch in der Luftfahrt bevorzugt man Meilen aufgrund des Bezugs zu den Karten.

Damit wir Landratten mithalten können, gibt es einen einfachen Rechentrick für die Umwandlung von Seemeilen in Kilometer: Beim Abschätzen nehmen Sie die Zahl der Seemeilen, verdoppeln diese und ziehen vom Ergebnis 10 % ab. Das ergibt dann den Wert in Kilometern. Ein Beispiel: 50 Seemeilen sind: 50 x 2 = 100 − 10 %, also etwa 90 Kilometer.

Warum sollte man im Lotto
nie 1, 2, 3, 4, 5, 6 tippen?

104 Bei Glücksspielen verliere ich immer, doch es gibt Menschen, die durch den richtigen Tipp reich geworden sind. Wenn auch Sie darauf spekulieren, habe ich einen wissenschaftlichen Tipp für Sie: Setzen Sie niemals auf die Zahlenkombination 1, 2, 3, 4, 5, 6. Warum?

Beim einfachen Lotto 6 aus 49 kreuzen Sie sechs »Glückszahlen« aus der Zahlenreihe 1 bis 49 auf einem Tippfeld an. Den Tippschein geben Sie ab und hoffen auf den großen Gewinn. Nach der Ziehung, samstags in der ARD oder mittwochs im ZDF, erfahren Sie dann, ob Sie Millionär geworden sind oder nicht.

Gehen wir mal davon aus, dass Sie – wie gesagt, mir passiert das nie – richtig liegen. Ihre ausgewählten Zahlen werden tatsächlich gezogen. Die Wahrscheinlichkeit dafür ist ausgesprochen klein und liegt exakt bei: *1 zu 13.983.816*. So viele Möglichkeiten gibt es nämlich, aus den Zahlen 1 – 49 die richtige Sechser-Zahlenkombination zu erstellen.

Egal, Sie sind der Gewinner! Doch Vorsicht, bevor Sie die ganz große Feier veranstalten: Vielleicht sind Sie ja nicht der Einzige, der so getippt hat … Die Gewinnsummen werden nämlich geteilt. Wenn Sie der Einzige sind – Glückwunsch! Doch es kommt auch schon mal vor, dass viele ausgerechnet auf Ihre Glückskombination gesetzt haben. Das ist bei ganz offensichtlichen Kombinationen eher der Fall, so zum Beispiel auch bei der Reihung: 1, 2, 3, 4, 5, 6. Genauso schlecht ist es unter anderem, auf die Zahlen Ihres Geburtsdatums zu setzen, denn viele sind 19xx geboren, das heißt, viele werden die 19 ankreuzen. Nicht ohne Grund ist 19 die am meisten getippte Zahl, gefolgt von 2, 3, 4, 5, 6, 7, 8, 10 und 12.

Am 10. April 1999 wurden sogar folgende Zahlen ermittelt: 2, 3, 4, 5, 6, 26 (es fehlte nur noch die 1). Diese Ziehung bescherte damals 38.008 Spielern einen Fünfer und jeder bekam für immerhin fünf Richtige gerade mal 379,90 DM![12]

Wenn Sie jetzt besonders clever sind und auf andere Kombinationen setzen, wie zum Beispiel Doppelzahlen – also 11, 22, 33, 44 –, sieht es nicht besser aus, denn auch hier sind Sie nicht allein! Genauso verhält es sich bei abnehmender Zahlenfolge: 49, 48, 47, 46 usw.

Jedes System schränkt Sie ein. Die Kunst beim Tippen besteht also darin, gerade *nicht* nach einem Muster zu verfahren, denn die Wahrscheinlichkeit beim Ziehen ist ohnehin stets gleich; es ist lediglich wichtig, dass Sie dann der Einzige sind, der so getippt hat.

Irgendwie ein sonderbares Spiel: Viele Menschen spielen Lotto, doch jeder muss darauf achten, immer wieder ganz anders zu sein!

Wie zuverlässig ist der
»Publikumsjoker«?

105 Der Kandidat stockt, schaut Hilfe suchend den Moderator an. Welche Antwort ist richtig: A, B, C oder D? Der elektronische Klangteppich spiegelt seinen erhöhten Herzschlag wider. Die grellen Scheinwerfer beleuchten die Ignoranz des Unwissenden. Der Kandidat ist wie ein Unfallopfer auf dem Operationstisch. Quizshows leben vom Leid ihrer Kandidaten! Der smart gekleidete Showmaster wiederholt genüsslich die Frage, langsam und wohlartikuliert, dabei zeigt die Kamera in ungnädiger Großaufnahme den verzweifelten Kandidaten. Immerhin geht es um sehr viel Geld, die korrekte Antwort ist so viel wert wie ein Kleinwagen ...

Dann der erlösende Vorschlag: »Wählen Sie doch den Publikumsjoker!«

Minuten später wird sich unser Kandidat dann für Antwort D entscheiden, so wie die Mehrzahl der anwesenden Studiogäste. »Ob es Antwort D ist ... verrate ich Ihnen gleich nach der Werbung!«

Statistisch zeigt sich, dass der aus gut 200 Studiogästen zusammengesetzte Publikumsjoker in der US-Version von »Wer wird Millionär« in 91 % der Fälle die richtige Antwort liefert. Die Trefferquote ist höher als beim Telefonjoker, der nur in 65 % aller Fälle den Kandidaten eine Runde weiter bringt.

Viele Menschen liegen im Durchschnittswert erstaunlich richtig, vor allem dann, wenn es um Abschätzungen geht;

eine Erkenntnis, die schon vor über 100 Jahren für Schlagzeilen sorgte: 1906 besuchte Francis Galton, ein Cousin des berühmten Charles Darwin, eine englische Nutztiermesse in der Nähe von Plymouth. Unter den vielen Attraktionen fand sich dort auch ein Schätzwettbewerb: Es ging darum, das Gewicht eines Ochsen möglichst genau zu ermitteln. Die Besucher konnten eine Karte ausfüllen; der Sieger mit der besten Schätzung wurde belohnt. Laien und Experten versuchten sich. Galton wertete anschließend die 787 Einzelschätzungen aus und kam zum verblüffenden Ergebnis, dass der Durchschnittswert aller Schätzungen nur wenige Pfund vom tatsächlichen Gewicht des Ochsen abwich. Das gemittelte Votum des Volkes war also ein Volltreffer! Unter dem Titel *Vox populi* (»Stimme des Volkes«) veröffentlichte der Forscher seinen Befund in der Fachzeitschrift *Nature*.

Ein Jahrhundert nach Galtons Veröffentlichung entwarf ich gemeinsam mit meinen Kollegen der Fernsehsendung »Quarks&Co« einen ähnlichen Schätzversuch. Unsere Fernsehzuschauer sollten die Anzahl bunter Liebesperlen in einem Gefäß erraten. Im Internet hatten wir eine entsprechende Seite eingerichtet. Gespannt verfolgten wir nach der Sendung die rasant wachsenden Daten: Schon nach vier Tagen hatten knapp 16.000 Zuschauer ihr Votum[13] abgegeben! Das Glasgefäß beinhaltete exakt 5.780 Liebesperlen, der durchschnittliche Schätzwert der Zuschauer betrug 5.718! Bei der Auswertung stellten wir fest, dass nur 0,47 % genaue Einzeltreffer vorkamen. Manche Teilnehmer lagen mit ihrem Schätzwert sogar völlig daneben und dennoch führte erst die Einbeziehung *aller* Werte zu diesem erstaunlich genauen Gesamtergebnis.

Unser Schätzversuch zählt inzwischen weltweit zu den größten dieser Art und 100 Jahre nach Galton verkündete die Zeitschrift *Nature* unser Ergebnis. Für mich zählt dieses Ex-

periment zu den aufregendsten Versuchen meiner Fernseh-
karriere, denn dahinter verbirgt sich, wie ich finde, eine wunderbare Botschaft: Es scheint, als habe jeder Einzelne von uns
eine wichtige Rolle bei der gemeinsamen Suche nach der
Wahrheit ...

Wo liegt Deutschlands
Mitte?

106 Die »Mitte« ist beliebt. Auf Parteikongressen und Yogaseminaren wird danach gesucht, denn die Mitte vermittelt Sicherheit und strahlt eine magische Kraft aus. Die Macht strebt stets zum Zentrum, denn dort ruht der Schwerpunkt des Seins ... Atmen Sie tief – ohne Angst!

Doch bevor Sie das Buch zuschlagen und sich auf die eigene Suche machen, möchte ich Ihnen eine einfache Frage stellen: Wo genau liegt die geografische Mitte Deutschlands?

Unser Land ist per Satellit erfasst und wurde per Laserstrahl genau vermessen. Die Antwort sollte eindeutig sein – oder?

Wenn Sie sich jedoch im Grenzgebiet zwischen Hessen, Thüringen und Niedersachsen umsehen, gibt es gleich mehrere Orte, die für sich in Anspruch nehmen, die Mitte Deutschlands zu sein. Kurz nach der Wiedervereinigung sagte die Gemeinde Niederdorla: »Wir sind es!« Eine Linde wurde gepflanzt und eine Steinplatte hielt es fest. Man berief sich auf die Berechnungen von Dr. Karl-Heinz Finger[14]. Dieser hatte bei Verwendung der offiziellen geografischen Koordinaten für die äußersten Grenzpunkte der Länder BRD und DDR die Koordinaten: 51° 10′ nördliche Breite, 10° 27′ östlich Greenwich ermittelt. Genau hier lag der Schnittpunkt der Nord-Süd- und Ost-West Linien der äußersten Grenzpunkte.

Obwohl die Methode einfach erscheint, ahnte Dr. Finger, dass man die Methode verfeinern müsste: Die bessere Lösung schien, den Schwerpunkt der Fläche Deutschlands zu ermitteln. Da es keine zuverlässigen Daten aller Grenzpunkte unseres Landes gab, wählte er einen pragmatischen Weg: Er zerschnitt die Deutschlandkarte (Maßstab 1:3.000.000) des Reader's Digest Weltatlas und klebte sie auf.

Dann galt es, genau den Punkt zu treffen, in dem die Fläche Deutschlands sich horizontal einstellte. Die neue Mitte lag nun ungefähr 4,5 Kilometer südwestlich des ersten Wertes.

Doch wenige Jahre später versuchte sich auch Norbert Glöckner, Lehrobermeister im Ruhestand, an einer genauen Bestimmung: Er klebte eine Landkarte der Bundesrepublik Deutschland auf eine 2 mm dicke Pappe. Dann schnitt er die Bundesrepublik in ihrem komplizierten Grenzverlauf mit genauer und zeitaufwendiger Laubsägetechnik aus und hängte sie an einen Nagel. Vom Aufhängepunkt aus markierte er eine senkrechte Linie auf der Karte. Dann wiederholte er die Prozedur bei weiteren Aufhängepunkten. Er folgte dabei dem Gesetz, dass die Lotkoordinaten unterschiedlicher Aufhängepunkte immer einen Punkt durchqueren: Den Mittelpunkt! Und der lag nun in Silberhausen im Landkreis Eichsfeld.

Dr. Burkhard Happ[15], von der Pädagogischen Hochschule in Erfurt, zerlegte die Deutschlandkarte per Computer in 90.000 Bildpunkte. Anschließend wurde ein Koordinatensystem angelegt und die Bildpunkte wurden gegengerechnet. Der so ermittelte Mittelpunkt entsprach nun plötzlich der Ortslage von Landstreit bei Eisenach!

»Deutschland ist nicht flach, sondern uneben!«, sagte sich Dr. Rainer Kelm[16] vom Geodätischen Institut in München und zerlegte unser Land in ein Mosaik von Vielecken: Neue Mitte: Krebeck im Landkreis Göttingen. Ein großer Gedenkstein ziert den Ort!

»Unmöglich!«, sagen wiederum andere: Man kann es gar nicht bestimmen. Je nach Definition und Verfahren gibt es ohnehin Unterschiede, und die Grenzen unseres Landes sind

nicht überall eindeutig festgelegt: Am Bodensee, so bestätig-
te mir der Bürgermeister von Konstanz, gibt es seit jeher Un-
klarheiten über den genauen Grenzverlauf. Und dann das
Problem der vielen Nordseeinseln. Wenn man die exakt berücksichtigt, verschiebt sich alles Richtung Norden, und je
nach Ebbe oder Flut schwankt die Antwort ebenfalls. Und
dann muss man auch noch die Erdkrümmung berücksichtigen ...
Fazit: Auf die einfache Frage, wo nun die genaue Mitte
Deutschlands liegt, gibt es keine einfache und schon gar keine eindeutige Antwort. Jeder hat nach seiner Methode recht.
Und wenn Sie sich nun auf die Suche nach Ihrer eigenen Mitte aufmachen, sollten Sie wissen: Es gibt viele Antworten!

Können Sie
rechnen?

107 Stellen Sie sich vor, Sie bewerben sich und Ihr neuer Arbeitgeber macht Ihnen folgendes Angebot: Ein Jahresgehalt von 100.000 € und eine jährliche Steigerung auf Ihr Jahresgehalt von 10.000 €. Alternativ bietet er Ihnen dasselbe Jahresgehalt, also 100.000 €, jedoch eine halbjährliche Steigerung auf Ihr jeweiliges Halbjahresgehalt von 2.500 €. Sie haben die Wahl! (Die Auflösung finden Sie auf der nächsten Seite.)

Mathematik widerspricht, wie Sie gleich sehen werden, in frappierender Weise unserem »inneren Gefühl« und das obige Beispiel illustriert unser Unvermögen, Potenzreihen oder exponentielle Verläufe zu begreifen. Schon der Umgang mit Bankzinsen überfordert die meisten von uns, und ich staune, wie schamlos Finanzinstitute, Politiker und Verkäufer diesen blinden Fleck ihrer »Kunden« ausnutzen. Da werden Zinszeiträume gestreckt und Tilgungspunkte bewusst verschoben und auf den ersten Blick erkennt niemand das versteckte Spiel mit den Wachstumsfaktoren. Kleinere Anzahlungen werden mit erhöhten Zinsen quittiert, und nur wer genau rechnet, merkt, wie die eigene Gutgläubigkeit anderen zu Reichtum verhilft.

Offensichtlich ahnte bereits Aristoteles, dass der Zins eine ganz eigene Gefahr entfaltet. In seiner staatsphilosophischen Schrift *Politik* wettert er dagegen: »Denn das Geld ist um des Tausches willen erfunden worden, durch den Zins vermehrt es sich dagegen durch sich selbst. [...] Durch den Zins (Tokos) entsteht Geld aus Geld. Diese Art des Gelderwerbs ist also am meisten gegen die Natur.« Aristoteles hatte moralisch recht, doch das Geschäft der Shareholder und Broker boomt. Die Zinslogik erlaubt Kredite in Milliardenhöhe, und wen kümmert schon eine Rückzahlung.

Jahrelang hat man uns in der Schule mit binomischen Formeln, rechtwinkligen Dreiecken oder mit Gleichungen mit zwei Unbekannten gefüttert, doch im Alltag verhalten wir uns wie mathematische Analphabeten ...

Auflösung:

Für die Zweifler klingt eine jährliche Steigerung von 10.000 € nach mehr, doch aufgepasst! Die Kraft liegt in der halbjährlichen Steigerung. Es wird klar, wenn man es ausrechnet:
Um beide Alternativen besser zu vergleichen, sind jeweils die Halbjahresbilanzen aufgeführt.

A: Steigerung 10.000 € pro Jahr
B: Halbjährliche Steigerung um 2.500 € pro Halbjahr.

| Halbjahr | A | | B | |
	Steigerung	Gesamt	Steigerung	Gesamt
1	--	50.000	--	50.000
2	--	50.000	2.500	52.500
3	5.000	55.000	5.000	55.000
4	5.000	55.000	7.500	57.500
5	10.000	60.000	10.000	60.000
6	10.000	60.000	12.500	62.500
...	--	--	--	--

Bei Angebot B greift die Steigerung bereits nach einem halben Jahr! Der Umstand der kurzen Steigerungsperioden führt zu einem besseren Ergebnis.

Als ich dieses Beispiel in einer Fernsehsendung vorführte, bekam ich eine Flut von E-Mails und Briefen (Bitte schreiben Sie mir dieses Mal nicht). Viele schrieben mir sogar, dass mir wohl ein Rechenfehler unterlaufen sei, und wollten das Ergebnis nicht glauben. Erst nach langen Antworten und Telefonaten konnte ich sie dann von der Richtigkeit der Rechnung überzeugen. Es gibt keine Tricks und keine bewusste Irreführung. Ich selbst hätte natürlich nach Gefühl ebenfalls das erste Angebot angenommen. Das Wissen um meine eigene Unfähigkeit, solche Reihen zu begreifen, hat für mich eine Konsequenz: In solchen Fällen misstraue ich meinem Gefühl und rechne!

Warum hat dieses Buch

108 Kapitel?

108 Vermutlich gehört das Dezimal-Denken zu unserer westlichen Kultur. Es ist praktisch und einfach. Die Logik der Geldscheine und die Praxis von Zahlentabellen haben daher eine Vorliebe für glatte Zahlen: 10, 100, 1.000 … Es wäre daher konsequent gewesen, auch in diesem Buch exakt 100 Wissensgeschichten zu platzieren. Meinem »Vaterland« Indien verdanke ich jedoch eine besondere Sensibilität gegenüber den Zahlen. Jede Zahl ist verschieden, besitzt eine Persönlichkeit und führt ein eigenes Leben. In hiesigen Grundschulen hören unsere Kinder nur selten davon.

Im Rheinland wären 111 Kapitel zumindest auf karnevalistisches Verständnis gestoßen, doch 108 passt nicht in die Kategorien des »Kölle Alaaf«. Informatiker hätten das Buch womöglich auf 96 Kapitel gekürzt und dabei an die Summe der Binärzahlen 64+32 gedacht: $96_{10} = 1000000_2 + 100000_2$

Warum also ausgerechnet 108? Mathematisch besitzt diese Zahl eine Reihe bemerkenswerter Eigenschaften: 108 ist zum Beispiel das Produkt der heiligen Zahlen 12 und 9 und in diesen schwingt jeweils eine ungewöhnliche Kraft. Die Vollständigkeit des Dutzends begegnet der Zahl 9, die vor allem in asiatischen Kulturen eine eigene Magie entfaltet, denn alle Produkte der Zahl 9 ergeben eine Zahl, deren Quersumme immer durch 9 teilbar ist. $1+0+8 = 9$.

Die Schönheit der 108 entpuppt sich ebenfalls durch das Produkt der Potenzen:

$108 = 1^1 \times 2^2 \times 3^3 = 1 \times 2 \times 2 \times 3 \times 3 \times 3$

Blickt man in die Welt der Geometrie, so betragen die Innenwinkel eines Fünfecks exakt 108 Grad.

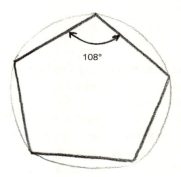

Das so aufgespannte Pentagramm wiederum beherbergt in einer erstaunlichen Wiederholung das Wunder des Goldenen Schnitts: Jede Seite des aufgespannten Fünfecks befindet sich im goldenen Verhältnis zu seiner Diagonalen. Die Diagonalen untereinander teilen sich wiederum im goldenen Verhältnis, d. h. AD verhält sich zu BD wie BD zu CD.

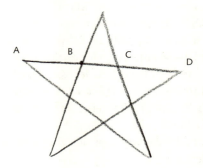

An ganz anderer Stelle taucht die 108 erneut auf: Bildet man aus einfachen Quadraten Mischformen durch direktes Aneinanderlegen der Quadrate, ergeben sich unterschiedliche Muster. Ich habe mir dieses Gedankenspiel immer wieder im Badezimmer vorgestellt, indem ich im Kopf die quadratischen Fliesen zu Mustern formte. Jede Figur muss dabei verschieden sein und darf sich nicht durch eine einfache Drehung oder Spiegelung in ein bereits bestehendes Muster überführen lassen. Jedes sogenannte *Polyomino* ist dabei also eine Figur aus identischen Quadraten, die mindestens eine Seite gemeinsam haben.

Die Anzahl dieser unterschiedlichen Muster wird natürlich durch die Grundzahl der Quadrate bestimmt. Bildet man zum Beispiel alle möglichen Formen aus 4 Quadraten, ergeben sich 5 mögliche Kombinationen.

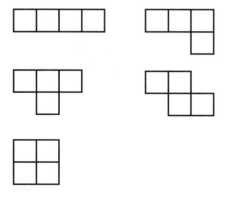

Bei 5 Quadraten sind es 12 Formen etc.
Nimmt man als Basis 7 Quadrate, dann ergeben sich 108 unterschiedliche Muster!

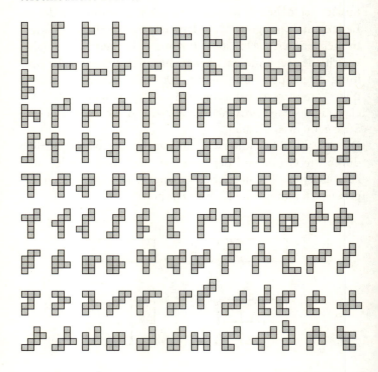

Blickt man in den Himmel, dann begegnet einem die Zahl erneut: Die Distanz zwischen Erde und Sonne entspricht etwa dem 108-fachen Sonnendurchmesser und der Abstand zwischen Erde und Mond misst ebenfalls etwa 108 Monddurchmesser. Durch dieses identische Verhältnis von Durchmesser zu Distanz erscheinen Sonne und Mond von der Erde aus betrachtet etwa gleich groß (siehe Kapitel *Warum ist eine Sonnenfinsternis so selten im Vergleich zu einer Mondfinsternis?*).

Der indische Mathematiker D. R. Kaprekar definierte sogenannte Harshad-Zahlen, welche die Eigenschaft besitzen,
durch ihre Quersumme, also die Summe ihrer Ziffern, teilbar
zu sein. Natürlich ist die 108 auch Mitglied in diesem erlese-
nen Zahlenclub. Das Wort *harshad* leitet sich übrigens aus
dem Sanskrit *harsha* ab; es bedeutet – Glück.

Anmerkungen

1 Sir Chandrasekhara v. Raman, The molecular scattering of light. Nobel Lecture, December 11, 1930.

2 Im Internet gibt es dazu ein hübsches Blutspendespiel: http://nobelprize.org/educational_games/medicine/landsteiner/index.html.

3 Literaturtipp: Bauer, Joachim, Warum ich fühle, was du fühlst. (2005).

4 Mehr Physik im Sport: www.golfbaelle.de/PhysikimGolfsport.html.

5 New York Times, 19. Oktober 1903.

6 Literaturtipp: Stanton, Richard, The forgotten Olympic art competitions – The story of the Olympic art competitions of the 20th century. (2001).

7 Im Internet finden Sie einen leicht zu bedienenden CO_2-Rechner auf der Seite: www.wdr.de/tv/quarks/sendungsbeitraege/2007/0130/005_klima.jsp.

8 § 36 Absatz 2 Satz 4 StVZO

9 Commission Regulation (EC) No 2257/94, 16. September 1994.

10 Durch die Ermittlung der Keimzahl wird die bakteriologische Beschaffenheit der Milch festgestellt. Eine erhöhte Keimzahl in der Anlieferungsmilch zeigt Schwachpunkte in der Hygiene der Milchgewinnung und Milchlagerung auf. Laut Milch-Güteverordnung muss der Keimgehalt der Anlieferungsmilch mindestens zweimal im Monat untersucht werden. Liegt der geometrische Mittelwert aus dem Abrechnungsmonat und dem Vormonat über einer Keimzahl von 100.000, kommt es zu Milchpreiskürzungen. Liegen alle Einzelwerte des Bewertungsmonats unter 100.000, kann es zu einer Besserstellungsregelung kommen. Näheres regeln die aktuelle EU-Hygieneverordnung, die Milch-Güteverordnung und die Lieferordnung der Molkerei.

11 Literaturtipp: Kaplan, Robert, Die Geschichte der Null. (2000).

12 http://www.dielottozahlen.de/themen/lottologie/ungeschickt.html.

13 *Nature*,1. November 2006.

14 http://www.mittelpunkt-deutschlands.de/pdf/nieder.pdf.

15 http://www.mittelpunkt-deutschlands.de/pdf/lands.pdf.

16 http://www.mittelpunkt-deutschlands.de/pdf/krebe.pdf.

Zum Weiterlesen

Ranga Yogeshwar. Ach so! Warum der Apfel vom Baum fällt und weitere Rätsel des Alltags. KiWi 1188

Mitten in der Nacht fragen wir uns, ob wir so schlecht schlafen, weil gerade Vollmond ist, am Morgen, beim Blick in den Spiegel, woher die grauen Haare kommen, und mittags, warum der Knödel sich im Topf dreht. Ausgehend von ganz einfachen Fragen erklärt Ranga Yogeshwar auf gewohnt unterhaltsame und verständliche Weise Rätsel des Alltags – und schreckt dabei auch vor Selbstversuchen nicht zurück!

www.kiwi-verlag.de

Ein Sick für alle Fälle!

Bastian Sick. Der Dativ ist dem Genitiv sein Tod.
Ein Wegweiser durch den Irrgarten der deutschen
Sprache. Die Zwiebelfisch-Kolumnen. Folge 1-3 in
einem Band. Sonderausgabe. KiWi 1072

»Der Dativ ist dem Genitiv sein Tod« ist eines der erfolgreichsten Bücher der letzten Jahre. Mit Kenntnisreichtum und Humor hat Bastian Sick uns durch den Irrgarten der deutschen Sprache geführt. Jetzt sind erstmalig die drei Folgen in einem Band versammelt und mit einem neuen, alle Bände umfassenden Register versehen worden.

www.kiwi-verlag.de

Martin Doerry / Markus Verbeet (Hg.). Wie gut ist Ihre Allgemeinbildung? Der große SPIEGEL-Wissenstest. KiWi 1162

Deutschlands größter Wissenstest: 150 Fragen, ausgewählt von der SPIEGEL-Redaktion, aus fünf Fachgebieten – Politik, Geschichte, Wirtschaft, Kultur und Naturwissenschaften. Hunderttausende haben schon mitgemacht, um ihre Allgemeinbildung zu überprüfen. Trauen Sie sich auch?

www.kiwi-verlag.de

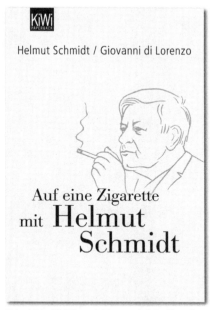

Helmut Schmidt / Giovanni di Lorenzo. Auf eine Zigarette mit Helmut Schmidt. KiWi 1158. Verfügbar auch als eBook

Politik, Privates und erlebte Geschichte – die schönsten »Zeit«-Gespräche mit dem berühmtesten Raucher der Republik. Diese Ausgabe enthält fünf bisher in Buchform unveröffentlichte Gespräche, u. a. zu den Feierlichkeiten rund um Helmut Schmidts 90. Geburtstag.

»Diese kleinen, wunderbaren, eitlen, subversiven, überraschenden, oft politisch und zeithistorisch bemerkenswerten und sehr unterhaltsamen Interviews gibt es jetzt dankenswerterweise als Buch.« *Süddeutsche Zeitung*

www.kiwi-verlag.de

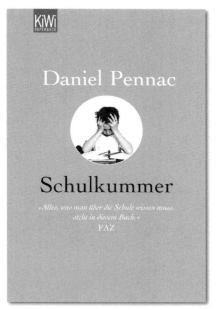

Daniel Pennac. Schulkummer. Deutsch von Eveline Passet.
KiWi 1179

»›Schulkummer‹ ersetzt hundert Erziehungsratgeber. Alles, was man über die Schule wissen muss, steht in diesem Buch. Es ist Ratgeber, autobiographische Skizze und Bekenntnisschrift. Dieses Buch liest man nicht einfach nur gern. Man gewinnt es lieb.« *FAZ*

»Kein trockener Lehrer- oder Elternratgeber, sondern ein poetischer und zutiefst von Herzen kommender Appell zur Errettung verlorener Seelen, nichts weniger.« *WDR 5*

www.kiwi-verlag.de

Sibylle Herbert. Bin ich zu blöd? Der Handy-Hotline-Technik-Terror. KiWi 1124. Verfügbar auch als eBook

»Ein ironisch-lustiges Selbsthilfebuch.« *InStyle*

»Sibylle Herbert schüttet ein wahres Füllhorn von Beispielen aus dem eigenen und dem Leben von Verwandten, Kollegen und Freunden aus. Tolldreiste Geschichten, die einem die Sprache verschlagen, falls man sie noch nicht selbst erlebt hat. Oder heiligen Zorn hervorrufen, ein gebrülltes ›Jaaa, genau!‹. Wunderbar witzig, erfrischend leicht.« *Deutschlandradio*

www.kiwi-verlag.de